Begegnungen zwischen den Worten

Silvia Springer

Begegnungen zwischen den Worten

© 2021 Silvia Springer
www.begegnungmitmir.com
Umschlag: Labelschmiede
Korrektorat: Jenny von Naturhofweida.com
Buchhebamme: Saskia von Buchflüstern.de
Verlag & Druck: tredition GmbH, Halenreie 40-44, 22359 Hamburg

ISBN
Paperback   978-3-347-25788-7
Hardcover   978-3-347-25789-4
e-Book   978-3-347-25790-0

Das Werk, einschließlich seiner Teile, ist urheberrechtlich geschützt. Jede Verwertung ist ohne Zustimmung des Verlages und des Autors unzulässig. Dies gilt insbesondere für die elektronische oder sonstige Vervielfältigung, Übersetzung, Verbreitung und öffentliche Zugänglichmachung.

„Alles wirkliche Leben ist Begegnung."

Martin Buber

Eine Einladung zu Beginn
Seite 9

Das "Ich" entdecken
Seite 15

Dem "Du" begegnen
Seite 61

In der Welt sein
Seite 105

Am Ende bleibt Dankbarkeit
Seite 167

Eine Einladung zu Beginn

Worte haben für mich etwas Magisches an sich. Etwas Heiliges und Heilsames zugleich. Oder zumindest das Potential dafür. Denn oftmals geben wir als Redende und Hörende diesem Potential zu wenig Raum zur Entfaltung. Wir verwenden in unserer Gesellschaft Worte meist viel zu unbedacht und unachtsam, um ihre volle Wirkung zu erkennen. Ich lade dich daher ein, dieses Buch etwas anders zu lesen als du es vielleicht gewohnt bist. Ich lade dich ein, in Begegnung zu kommen, zwischen den Worten.

Die Texte aus diesem Buch entstanden, indem ich mich dem Wortfluss hingab, welcher sich aus meinem Herzen formte. Wenn du jetzt wählst, dieses Buch aus deiner Großhirnrinde zu lesen und dich von deinem kritisch-analytischen Verstand durch die Seiten führen zu lassen, wirst du vieles zu bemängeln und zu kritisieren haben (zumindest dann, wenn dein Verstand ähnlich gestrickt ist wie meiner). Du wirst viele Kritikpunkte finden und wir könnten uns tagelang in einer einsamen Hütte im Wald zurückziehen, um diese zu diskutieren.

Eine andere Möglichkeit besteht darin, dich von den Worten berühren zu lassen. Sie als Wegweiser zu sehen, nicht als Wahrheit und nicht als Anleitung. Jeder der Texte zeigt in irgendeine Richtung und lädt dich ein, in diese Richtung zu denken, zu fühlen und zu schauen. Es wird wahrscheinlich Zeilen geben, mit denen du nichts anfangen kannst. Ignoriere sie für den Moment. Entweder werden sie zu einem anderen Zeitpunkt Sinn ergeben oder sie waren einfach nicht für dich bestimmt. Wenn wir an einer Kreuzung mit mehreren Wegweisern stehen, folgen wir schließlich auch nur einem Einzigen. Genau so kannst du auch meine Texte in diesem Buch betrachten: Manche von ihnen zeigen in Richtungen, die dich nicht interessieren oder zu Orten, die du schon erkundet hast, zu denen du vielleicht sogar einen viel schöneren Weg kennst oder dessen Plätze du ganz anders wahrnimmst. Andere Texte und Wegweiser wecken vielleicht deine Neugierde und du entscheidest dich, in diese Richtung zu schauen oder sogar zu gehen.

Wie auch immer du dich entscheidest, es wird dein individueller Weg sein. Du kannst dich von den Texten inspirieren lassen, um gewisse Pfade zu erkunden, dir deiner Einstellung und Gefühle bewusst zu werden oder dir über gewisse Themen Gedanken zu machen.
Doch dein Weg wird einzigartig sein. Denn das, was du hast, mögen vielleicht viele andere auch haben. Doch das, was du bist und wie du bist, wird keiner in dieser Fülle und Kombination sein.

Ich biete dir somit meine Gedanken an. Nicht, um dir einen Weg vorzugeben, sondern damit du an den Reibungs- und Berührungspunkten deine eigenen Gedanken erforschen kannst.

Ich decke meine Gefühle für dich auf, als Einladung, um dir deinen näher zu kommen und dir diese zurückzuerobern.

Ich öffne meinen aktuellen Blickwinkel und meine Sichtweise auf Dinge, um dich dazu einzuladen, deine eigenen Sichtweisen zu gestalten und deinen Blickwinkel bewusst wahrzunehmen und zu wählen.

Ich erzähle von mir. Und wenn du magst, kannst du dich davon berühren lassen. Du kannst aber auch deine Augen verdrehen und eine weitere Begegnung mit dem Buch ablehnen. Diese Wahl überlasse ich dir. Ich habe bereits gewählt.

Fühle dich also bitte frei, all jene Worte unbeachtet zu lassen, welche nicht mit deiner inneren Wahrheit übereinstimmen. Sieh sie stattdessen als Einladung, deinem Herzen zu lauschen und dich der inneren Recherche zu widmen. Denn ich glaube, dass wir in der Tiefe unserer Herzen die Antworten auf die wirklich wichtigen Fragen finden können.

Hast du auch den Mut, diese Fragen zu stellen, und die Bereitschaft nach den Antworten zu lauschen und sie zu hören? Denn deine Antworten kennst nur du.

Ich bin gespannt, was du in dir entdeckst, was in dir berührt und bewegt werden darf.

Ich lasse deine Hand jetzt los.
Denn ich möchte dich nicht länger zurückhalten.
Der Weg, welcher nun vor dir liegt,
möchte von dir begangen werden.
Ich kann dich auf diesem Weg nicht führen,
ich kann dich nur etappenweise begleiten.
Du bist der einzige Mensch,
welcher weiß, was deine nächsten Schritte sind.

Ich lasse deine Hand jetzt los.
Denn ich möchte dich nicht länger zurückhalten.
Der Weg, welcher nun vor dir liegt,
ruft dich. Kannst du ihn hören?
Dein Leben ruft dich. Kannst du es hören?
Es ist dein Geschenk, welches darauf wartet,
von dir angenommen und eingenommen zu werden.

Ich lasse deine Hand jetzt los.
Denn ich möchte dich nicht länger zurückhalten.
Du hast alles, was du brauchst für deinen Start.
Hand auf's Herz. Gehe los.
Dein Erfahrungsschatz wird sich ändern mit der Zeit,
mache dir darüber keine Gedanken.

Alles liegt auf deinem Weg für dich bereit.
Für die ersten Schritte brauchst du nicht mehr als du bereits hast.

Ich lasse deine Hand jetzt los.
Denn ich möchte dich nicht länger zurückhalten.
Denn auch ich bin nur eine Reisende,
die auf ihrem Weg wandert
und die sich über Begegnungen freut,
in denen wir gemeinsam unsere Herzen nähren
und uns gegenseitig an das erinnern, was wir in uns tragen.

Das „Ich" entdecken

Wenn ich unsere Andersartigkeit (an)erkennne
und ins Staunen eintauche,
öffnet sich ein Raum,
in welchem ich uns beide neu kennenlernen kann.

Lebe - Dich

Was, wenn nichts an dir,
nichts an deiner Vergangenheit,
nichts an deinen bisherigen Taten,
nichts an deinem bisherigen Leben
falsch ist?

Was, wenn „Schuld" in Wahrheit nie existiert hat
und bloß einen unzulänglichen Erklärungsversuch darstellt,
der trennt anstatt zu verbinden,
der die Wahrnehmung schmälert anstatt sie zu weiten
und den Lebensfluss ins Stocken anstatt ins Fließen bringt?

Was, wenn mit deiner Geburt
dein Platz hier auf Erden entstanden ist,
welcher nur ausgefüllt und genährt werden kann,
wenn du aufhörst,
dich an etwas anzupassen,
das dir nicht entspricht,
das deine Wahrheit nicht widerspiegelt?

Was, wenn du nie dafür gedacht warst
dich anzupassen,
sondern du hier bist, um etwas zu erschaffen,
das dir mehr entspricht
als alles, was du seit deiner Geburt hier vorgefunden hast?

Was, wenn du gekommen bist,
um bei diesem Wahnsinn hier nicht mit zu rennen,
und du deshalb anders bist,
anders sein musstest,
und es nicht das Ziel ist, dich anzupassen und mitzuhalten,
sondern dein Anderssein zu leben,
in die Welt hinauszutragen,
und der Welt damit zu zeigen, dass Anderes möglich ist?

Ein Dank an die verletzlichen Quellen der Inspiration

Du stichst hervor,
du bist anders,
du bewegst und berührst,
regst zum Nachdenken an
und inspirierst.

Doch nicht immer scheint diese Inspiration willkommen zu sein.
Nicht immer trifft dein Anderssein auf Beifall,
dein Herausstechen auf Ansehen und Wertschätzung,
und deine Fähigkeit,
tief in mir etwas zu bewegen und zu berühren,
auf mein Wohlwollen.

Ich weiß, manchmal musstest du lange Durststrecken überstehen,
hattest du viele negative Bewertungen erfahren,
bevor du ein „Danke" zu hören bekamst,
verbale Wertschätzung erfahren
oder nonverbale Anerkennung erhalten hast.

Ich weiß, manchmal zweifelst du,
an dir selbst und an dem Sinn deiner Fähigkeiten,

und fragst dich, ob es dir nicht besser geht,
wenn du dich anpasst, ruhig bist und nicht auffällst.

Ich weiß, du machst dich verwundbar,
wenn du dich so ehrlich zeigst,
dich nackt in unsere Mitte stellst,
und aussprichst, was du denkst und fühlst,
deiner Wahrheit treu bleibst und diese teilst.
Deine Wahrheit, welche nicht immer bequem ist,
nicht angepasst und nicht "verweichlicht",
und welche aufzurütteln und zu irritieren vermag.

Viele Bewertungen werden dir dann oftmals entgegen geworfen,
nicht immer positiv und liebevoll,
manchmal verletzend oder arrogant,
andere verschwiegen, aber mimisch erkennbar,
manche stillschweigend hinuntergeschluckt,
um dich dann hinter deinem Rücken
umso lauter „in den Dreck" zu ziehen.

Auch ich bewerfe dich regelmäßig mit Bewertungen,
weil ich nicht nachdenken und nicht umdenken will,
weil ich mich nicht nackt machen will,
mich nicht zeigen will,

weil ich meinen Arsch nicht hochkriege,
oder mich meinen Ängsten nicht stellen will.
Oder weil ich nicht ehrlich zu mir selbst sein will.

Und doch stehst du immer noch da,
zeigst dich immer noch,
nackt, unbedeckt und ehrlich.

Danke für dein transformierendes Sein!

Bitte lass uns DICH kennenlernen

Ich sehe unsere Aufgabe nicht darin, perfekt zu sein.
Auch nicht darin, die Welt perfekt zu machen
oder sie perfekt zu hinterlassen.
Ich sehe unsere Aufgabe darin, die Welt zu vervollkommnen,
indem wir unsere Träume leben und unsere Talente erfahren,
uns selbst entdecken und aus unserem Herzen heraus leben.
Und daher ersuche ich dich:
Bitte gehe nicht, ehe du uns gezeigt hast, wer DU wirklich bist.
Bitte lass uns DICH kennenlernen.
Bitte nimm deine Masken ab und lass mich DIR ins Antlitz blicken,
ohne dich hinter einer Vorstellung zu verstecken, die kleiner ist als du.
Bitte versuche nicht, das Feuer in dir zu ersticken,
sondern lass es lodern und brennen,
so dass wir uns daran entzünden können,
um gemeinsam das Feuer der Liebe hinauszutragen in die Welt.

Ich gehöre zu euch, auch wenn ich anders bin

Mich überfordern eure Ansprüche, wie ich zu leben habe,
wie zu leben „gesund" und „richtig" ist.

Wenn ich aus der Angst heraus
an jener Form des Lebens festhalte,
welche ihr mir vorlebt,
so entspringt dies nicht meiner Verbindung zu euch
und ist kein Beweis für meine Liebe euch gegenüber.
Es ist schlichtweg eine Entscheidung gegen mich,
gegen mein Herz
und gegen meinen Lebensweg,
so wie er mich ruft und sich das Leben mir zeigt,
ja, eine Entscheidung gegen das Leben selbst.

Ich gehöre zu euch, auch wenn ich anders bin.
Ich habe nie versucht mich von euch zu trennen,
denn ich weiß, dass dies in Wahrheit gar nicht möglich ist.
Ihr habt mir mein Leben geschenkt.
Durch euch alle, bis hin zu mir, fließt die Energie des Lebens,
die Energie des Lebens, welche uns alle vereint.

Ich bin mit euch verbunden
und ich gehöre zu euch, auch wenn ich anders bin.

Wenn ich mich von euch entferne,
so heißt das nicht, dass ich weggehe,
dass ich die Verbindung zu euch kappe
oder dass ich mich von euch zu trennen versuche.
Es heißt nur, dass ich mein Leben,
welches durch euch bis zu mir fließt,
dankbar annehme und bereit bin,
meinen Weg zu gehen, so wie er mich ruft,
so wie das Leben mich ruft,
so wie sich das Leben mir zeigt.

Wenn ich eurer Tradition nicht folge,
so heißt das nicht, dass ich sie verdamme,
oder dass ich sie gering schätze.
Es heißt nur, dass ich dem Leben folge,
und der Stimme meines Herzens,
welche dem Leben entspringt,
jenem Leben, welches mich mit euch verbindet.

Wenn ich andere Entscheidungen treffe,
so heißt das nicht, dass ich mich gegen euch stelle,

oder dass ich eure Entscheidungen verachte.
Es heißt nur, dass ich zu euch in die Reihe trete
und lerne, für mich zu stehen,
in der Liebe zu stehen
und eigene Entscheidungen zu treffen.
Wenn ich mich zu anderen Menschen in den Kreis begebe,
so heißt das nicht, dass ich euch meinen Rücken zuwende,
dass ich euch vergesse oder mich von euch abschotte.
Es heißt nur, dass ich mich dorthin stelle,
wo ich jene Inspiration finde, nach der ich im Moment suche,
sodass ich euch von dort aus, mit vollem Herzen begegnen
und dankbar für das Leben sein kann.

Ich stelle mich nicht gegen euch,
ich stehe mit euch in der Reihe unserer Ahnen,
durch welche, bis zu uns, die Energie des Lebens fließt.

Zwischen Härte und Sensibilität

Oft hörte ich, ich wäre zu sensibel,
ich solle mich abhärten
für „die Welt da draußen",
in welcher ich,
so meinten sie,
ohne meine Sensibilität besser aufgehoben wäre.

Und so machte ich mich falsch.
Ich machte mich falsch für meine Sensibilität,
für das, was ich fühlte, wenn jemand verbal angegriffen wurde.
Ich machte mich falsch dafür,
dass ich verbale Verletzungen nicht dulden wollte,
dass sie mir weh taten
und ich mit einem Aufschrei auf sie reagierte.
Ich machte mich falsch dafür,
nicht stillschweigend mitansehen zu können,
wenn jemand neben mir „runter gemacht" wurde.

Ich machte mich falsch dafür,
wenn ich den Schmerz in deinen Augen sah,
während ich deine Worte hörte,

mit denen du mir erklären wolltest,
dass das alles nicht so schlimm
und ich bloß zu sensibel wäre.

Und heute,
heute stehe ich in einem anderen Kreis.
In einem Kreis aus Menschen,
welche diese Sensibilität wünschen und willkommen heißen,
und welche Achtsamkeit bei der Wahl der Worte schätzen.

Ich bin verwirrt,
weil sie nicht mit Härte reagieren,
wenn ich diese Sensibilität zeige und lebe,
sondern mit Liebe und Weichheit,
mit Direktheit und Klarheit.

Ich bin verwirrt,
weil sie mit meiner äußeren Härte,
welche ich mir so mühsam und schmerzvoll anerzogen habe,
nichts anfangen können,
und stattdessen ruhig werden,
mir ihre Hände reichen
und warten, bis ich wieder durchgedrungen bin zu meinen Gefühlen,
bis ich wieder angekommen bin bei meiner Sensibilität.

Und dann,
dann nehmen sie meine Hand
und gehen weiter
mit mir
und wenn ich will
zu mir.

Wüstennomade

Immer mal wieder packt er mich,
der Neid auf Jene, deren Leben so einfach zu sein scheint,
so abgesichert, so versichert.
Immer mal wieder packt sie mich,
die Lust ignoranter zu leben
und den warmen Ruf aus meiner Körpermitte zu ignorieren.
Trocken und aus dem Verstand heraus abzuzählen und abzuwägen,
wo die Input-Output-Rechnung für mich am meisten aufgeht.

Wieso sollte ich meine Ressourcen hier investieren,
wenn ich anderswo doppelt so viel ernten könnte?
Wieso soll ich diesen steinigen Weg hier gehen,
wenn mich anderswo die ebene, geteerte Straße willkommen heißt?

Und immer mal wieder stolpere ich auf meinen Wegen,
weil ich zu sehr nach denen der anderen schiele.

Hier liegt er vor mir,
der Garten Eden,
aus dessen Mitte mein Herz einen Ruf vernimmt.
Dieser Garten ist verwildert, chaotisch und zum Teil vertrocknet.

Doch er ist ein Garten Eden,
mein Garten Eden.
Er bedarf Pflege und Zuwendung,
Zeit und Energie,
Kraftanstrengung und Ausdauer.

Es ist wie die Tätigkeit eines Bildhauers,
diesen Garten zu dem zu machen,
was ich in ihm sehe:
Ein rohes Stück Holz liegt vor ihm,
das Kunstwerk, welches er daraus erschaffen möchte, sieht er schon.
Es ist in dem Stück rohen Holz verborgen
und durch die Bearbeitung wird es freigelegt.

Der Bildhauer und ich,
wir haben beide ein Bild von dem, was uns ruft.
Doch wird sich dieses im Laufe des Prozesses wandeln
und am Ende entsteht jenes Kunststück,
welches schon immer angelegt war im rohen Stück Holz,
jener Garten Eden, welcher schon immer enthalten war
im verwilderten, vertrockneten Stück Land.

Es entsteht jenes Kunststück,
welches den Bildhauer ruft,

seine Fantasie beflügelt,
seine Motivation weckt
und seine Energie fokussiert.

Es entsteht jener Garten Eden, welcher zu meinem Herzen spricht
und in mir den Samen der Freude sät.
Welcher als Antwort auf jede meiner Zuwendungen
meine Ahnung stärkt und mein Bild klärt,
von jenem Projekt, welches mich ruft,
von jenem Garten Eden, welcher entstehen möchte.

Der Garten Eden vor mir
mag anderen wie eine Wüste
oder ein sumpfiges Stück Morast erscheinen,
auf welchem nichts mehr zu gedeihen vermag.
Sie verstehen nicht, warum ich nicht das gepflegte Stück Land wähle,
doch sie sehen auch nicht den Garten Eden, den ich darin erkenne,
genauso wenig wie sie das Kunstwerk sahen,
welches in dem Holz des Bildhauers verborgen lag.
Ihr Weg ist ein anderer,
ihr Ruf ist ein anderer.

Ich höre nur, von wo der Ruf erklingt,
welcher meine Fantasie beflügelt,

meine Motivation weckt
und meine Energie fokussiert.
Ich weiß nicht, wohin dein Ruf dich lockt,
ich weiß nicht, wo und was dein Garten Eden ist.

Doch ich weiß, dass manch einer
ein Stück Wüste in eine schöne Oase verwandelt hat.
Und vielleicht, vielleicht bin ich ein Wüstennomade....

Neid und Anerkennung

Ja, es gibt ihn,
den Neid in mir.
Nicht, dass ich euch dieses oder jenes nicht gönnen würde,
von Herzen gern,
doch ich hätte es auch gern.
Nicht statt euch, sondern mit euch.
Eure Fähigkeiten,
eure Weisheit,
eure Schönheit,
eure Herzlichkeit,
eure Ehrlichkeit,...

Ich gönne euch all das aus ganzem Herzen.
Und vor allem gönne ich all das der Welt.
Denn in meinen Augen ist es ein Geschenk,
welches ihr damit der Welt macht.
In meinen Augen ist all dies ein Geschenk,
mit dem ihr die Welt bereichert.

Und ihr bereichert damit auch mein Leben.
Dafür bin ich euch dankbar.

Und gleichzeitig bin ich neidisch.
Ich hätte auch gern eure Fähigkeiten und eure Weisheit,
verfügte auch gern über solch einen schönen Körper,
wäre auch gern so herzlich und ehrlich.
Zum Teil, weil ich erkenne,
wie sehr ich mich daran erfreue,
und wie wertvoll ihr mir mit all dem seid,
wie sehr ihr mit all dem meine Welt bereichert
und wie sehr ich eure Geschenke genieße.

Auch ich möchte die Welt bereichern.
Auch ich möchte ein Beitrag sein und einen Beitrag leisten.
Doch ich kann dies weder mit euren genialen Fähigkeiten
noch mit eurer tiefen Weisheit.
Ich kann die Welt nicht mit eurer Schönheit bereichern
und auch nicht mit eurer Herzlichkeit oder eurer Ehrlichkeit.

Diesen Beitrag zu leisten ist mir nicht vergönnt.
Eure Geschenke in die Welt zu tragen,
ist mir nicht möglich.
Und vielleicht braucht es das auch gar nicht.
Vielleicht wäre es nicht einmal ein Beitrag,
wenn es mir gelänge,
das in die Welt zu bringen, was ihr bereits in die Welt tragt.

Vielleicht brauche ich nicht mit eurem Reichtum die Welt zu berühren.

Vielleicht ist es an der Zeit anzuerkennen,
dass auch meine Fähigkeiten,
meine Weisheit,
mein Körper,
meine Herzlichkeit
und sogar meine unbequeme Ehrlichkeit
ein Beitrag sein können,
ein Reichtum sein können.
Nicht für alle,
aber vielleicht für manche.

Doch nur dann, wenn ich sie lebe,
wenn ich sie nicht verstecke,
wenn ich mich nicht verstecke
und meinen Wert nicht klein rede
und damit aus meiner Kraft gehe,
um lieber euch zu beneiden
und mich nicht zu zeigen.

Danke, du sprudelnde Quelle der Inspiration!

Ich kann nicht allem zustimmen,
was du denkst, tust und sagst.
Aber deswegen mache dich bitte nicht falsch.
Und deswegen mache mich bitte nicht falsch.
Denn nur weil ich nicht all dem zustimmen kann,
was du denkst, fühlst und tust,
macht das weder dich noch mich falsch.

Denn durch diese Diskrepanz,
diese Unterschiedlichkeit,
dieses Anderssein,
entsteht so viel mehr Raum,
soviel mehr an für mich wahrnehmbaren Möglichkeiten
und soviel mehr Inspiration.
Und das ist mir um Vieles wertvoller
als die Übereinstimmung in all unseren Gedanken, Worten und Taten.

Du bist solch eine sprudelnde Quelle der Inspiration für mich,
WEIL du anders bist,
WEIL du anders denkst, fühlst und handelst, und
WEIL ich mit manchem davon in den Widerstand gehe.

Denn oft wird meine Reflexion erst dadurch angestoßen,
dass deine Gedanken, Worte und Taten bei mir anecken.
Oftmals merke ich erst durch diese „Reibung",
dass eine von mir gezogene Grenze viel enger gesetzt ist als nötig.

Deshalb bitte ich dich:
Verstelle dich nicht.
Und mache weder dich noch mich falsch,
wenn ich mal wieder nicht deinem Weltbild zustimme,
wenn ich deinen Worten widerspreche,
deine Taten für mich hinterfrage
oder mit deinen Gefühlen in den Widerstand gehe.

Denn das mache ich nicht,
weil einer von uns falsch ist.
Ich mache es auch nicht,
um einen von uns kleiner zu machen,
sondern um diesen Raum,
welcher durch unsere Andersartigkeit entsteht,
zu fühlen, wahrzunehmen und für mich zu erkunden.

Und bitte verzeihe mir,
wenn ich dies nicht immer in der wertschätzendsten Art tu,
wenn ich erst etwas Zeit mit diesem Raum brauche,

bis ich mich für diese Quelle der Inspiration öffne,
welche durch unsere Andersartigkeit für mich erfahrbar wird.

Bitte verzeihe mir,
wenn ich erst noch etwas Zeit brauche,
um diesen neu entdeckten Raum zu verinnerlichen und anzuerkennen,
bevor ich dich sein lassen kann wie du bist,
bevor ich mich sein lassen kann wie ich bin
und uns beide in unserem So-Sein wieder wertschätzen kann.

Ein Konzept als Schutzschild

Die Konzepte von „richtig" und „falsch",
von „gut" und „böse"
fungieren als Schutzschild für mich.
Wenn ich aus diesen Konzepten heraus handle,
und ich danach mit Vorwürfen konfrontiert werde,
meine Entscheidungen beanstandet
und meine Taten negativ bewertet werden,
dann kann ich mich hinter diesen Konzepten verstecken.

Wenn ich die Ideen von „gut und schlecht",
von „richtig und falsch" außen vor lasse,
wenn ich diese Konzepte verweigere,
und stattdessen meiner inneren Stimme lausche,
und aus meinem Herzen heraus handle,
aus dem Impuls und dem Moment heraus,
wohinter kann ich mich dann verstecken,
wenn ich mit Vorwürfen konfrontiert werde?

Womit kann ich ihnen dann entgegnen,
auf ihre Fragen „Was hast du dir dabei gedacht?"
und „Wie konntest du nur?"?

Wäre die einzige ehrliche und aufrichtige Antwort dann nicht:
„Weil es sich gut angefühlt hat" oder
„Weil das mein Impuls war"?

Ich würde damit in der Schusslinie der Bewertungen stehen,
mit Ansichten beworfen werden,
ohne irgendetwas zu haben, hinter dem ich mich verstecken könnte,
ohne ein Konzept, auf das ich verweisen könnte,
ohne ein Schutzschild, dass ich hochhalten könnte.

Ich würde dort stehen,
in meiner vollen Verletzlichkeit,
zentriert und geerdet,
verbunden mit meinen Herzens(t)räumen,
durchlässig für meine innere Stimme
und ich würde wissen, dass ich ehrlich mir selbst gegenüber war.

Würdest du etwas verändern?

Wenn du heute Nacht Gott begegnen würdest,
und er dir eröffnet,
dass du jedes Soll bereits erreicht hast,
dass du dein Karma abgearbeitet
und alle nötigen Lektionen gelernt hast,
würdest du etwas verändern?

Wenn er dir sagt,
dass du von jetzt an freie Wahl hast,
was du dir in deinem Leben erschaffst
und wie du dein Leben lebst,
würdest du dein Leben ab sofort anders gestalten?

Wenn er dir erzählt,
dass jegliche Sünde abgeschafft
und die Hölle geschlossen wurde,
würdest du fortan anders handeln?

Was würdest du aufhören zu tun?
Welche Dinge würdest du anfangen zu tun?
Und welche Träume würdest du anpacken?

Wenn er dir in die Augen schauen würde,
und dir sagt,
dass es deine freie Wahl ist,
zu tun, was du tun willst,
dass es keinen „Richter" am Ende deines Weges geben wird,
niemand, der deine Handlungen bewerten wird, um Bilanz zu ziehen,
würdest du dann andere Entscheidungen treffen,
würdest du andere Wege wählen?

Wenn er dir offenbart,
dass es keine Gebote oder Verbote gibt,
außer jenen, die du erschaffst und für die du dich entscheidest,
würdest du in Zukunft anders handeln?

Müsste es Gott sein, der dir dies verrät?
Wem sonst noch würdest du vertrauen?
Müsste diese Botschaft ausgesprochen werden?

Was ist es, dass dich festhalten lässt an Ideen wie:
Aufgaben, die du in diesem Leben zu erfüllen hast,
Ziele, die es zu erreichen gilt,
sündhafte Taten, die man vermeiden muss
und gutes Karma, welches erschaffen werden möchte?

Bereichern diese Vorstellungen und Konzepte dein Leben
oder das Leben anderer?
Was sind deine Vorstellungen von einem Leben ohne diese Konzepte?
Scheust du dich davor, diese Konzepte aufzugeben,
weil du deinen ureigenen Werten nicht vertraust?
Bedarf es diesen Ideen von „höherem Richter",
„Karma", „Sünde" und „Lebensaufgabe",
um eine „gute Person" zu sein?

Was wäre,
wenn du das Konzept von „gut" und „böse" auch fallen lassen würdest?
Woran würdest du dich dann orientieren?
Würdest du dich dann verloren fühlen?
Oder würdest du dich frei fühlen?

Ich sage nicht, dass diese Ideen „gut" oder „falsch" sind,
ich frage mich nur, was sich verändern würde,
wenn diese Vorstellungen aus unseren Köpfen verschwinden würden,
und ob wir uns dessen bewusst sind,
auf welchen Ideen und Konzepten wir unser Leben erbauen.

Unabhängig

Unabhängig davon
existiere ich,
als Ich.
Unabhängig von deinen Projektionen,
deinen Bewertungen
und deiner Meinung über mich.

Unabhängig von deinem Bild von mir
existiere ich
als lebendiges Wesen,
welches sich manchmal beschneidet
und sich an Lebendigkeit nimmt,
weil ich mich unfrei gemacht habe.
Unfrei von deiner Meinung über mich,
deinen Projektionen,
deinem Bild von mir,
deinen Bewertungen und Erwartungen.

Ich hatte gelernt,
der Welt Bedeutung zu verleihen
über die Bewertungen anderer.

Ich hatte gelernt,
was „gut" und was „schlecht" ist,
was welche Bewertung verdient
und wie sich welche Bewertung anfühlt.

Als ich klein war, war ich abhängig davon,
gute Bewertungen zu erhalten,
denn an sie war Fürsorge, Beistand und Liebe gebunden.
Doch jetzt bin ich - größtenteils - unabhängig,
unabhängig von deinen Bewertungen,
deinen Projektionen,
deinem Bild von mir
und deiner Meinung über mich.

Ich habe gelernt zu tanzen,
auch wenn du es „schrecklich" nennst,
zu singen,
auch wenn du es „falsch" nennst,
zu lachen,
auch wenn du es „zu laut" nennst,
und zu lieben,
auch wenn du es „lächerlich" nennst.

Ich habe gelernt zu leben,
auf eine Art, die mein Herz frei und weit werden lässt.
Und dennoch
ertappe ich mich immer wieder dabei,
wie ich mich beschneide und mir an Lebendigkeit nehme,
um nicht zu empfangen,
deine Bewertungen über mich,
um mich nicht zu konfrontieren,
mit deinen Projektionen und Meinungen.
Weil ich noch nicht gelernt hatte,
unabhängig davon zu sein.

Ich existiere
unabhängig von deinen Projektionen,
deinen Bewertungen und deiner Meinung über mich.
Unabhängig von deinem Bild von mir
existiere ich,
als lebendiges Wesen,
welches lernt
in dieser Unabhängigkeit nicht nur zu existieren,
sondern zu sein,
zu leben,
lebendig zu sein.

Unabhängig davon,
was du über mich sagst,
was du über mich denkst
und was du an mir siehst und übersiehst,
bin ich,
jenes lebendige Wesen,
welches ich bin.
Zu komplex, um es auf ein Bild reduzieren zu können,
zu groß, um es mit einer Projektion überdecken zu können,
zu divers, um es mit einer Meinung abtun zu können,
zu vielfältig, um es mit einer Bewertung fassen zu können.

Todessehnsucht

Ich spüre, dass es da noch „mehr" gibt,
dass es da noch etwas anderes gibt als dieses Leben hier.
Eine Welt, die mehr mit dem übereinstimmt, was ich im Herzen trage.
Eine Lebensweise, die sich stimmiger anfühlt,
die sich mehr „nach mir" anfühlt.
Und ich sehne mich nach ihr,
immer wieder,
immer tiefer
und immer öfter.

Ein Teil in mir kennt sie,
diese „andere Welt",
als Zuhause,
und als Heimat.

Das Wissen um sie war nie vergessen,
nur verdrängt,
als ich lernte,
das Leben in mir zu unterdrücken
und in dieser Welt zu funktionieren.

Doch das bin nicht ich.
Und das war nie ich.
Ich will leben,
auf eine Weise, die sich gut für mich anfühlt,
stimmig und „nach mir".

In Wahrheit sehnte ich mich nie nach dem Tod.
Ich sehnte mich nach mir
und danach, das zu leben, was ich in mir trage.
Ich sehnte mich nicht danach, zu sterben,
ich sehnte mich danach, lebendig zu sein.

Ich sehnte mich nie nach dem Tod.
Ich sehne mich nach dem Leben.
Nach dem Leben, von dem ich spüre,
dass es möglich ist
und dass es mich erfüllt.

Ich will dich sehen, Schönheit

Warum ist es wichtig, weiter, besser und schneller zu sein?
Wollen wir nicht gesehen werden als die, die wir sind?
Warum ist es wichtig, die Spuren des Alters zu vertuschen,
seine weißen Haare anzumalen und Anti-Falten-Creme aufzutragen?
Wollen wir nicht, dass man sieht,
dass wir schon einige Lebensjahre hinter uns haben,
weil wir instinktiv spüren, dass wir nichts aus ihnen gemacht haben?
Nichts Sinnvolles, nichts Bleibendes, nichts Bereicherndes?
Wollen wir nicht hinsehen, um nicht daran erinnert zu werden,
an all die verlorenen Jahre und ungelebten Stunden?

Doch wenn wir nicht bereit sind hinzusehen,
erkennen wir auch nicht unsere Schönheit.
Wie auch?
„Schönheit liegt im Auge des Betrachters" heißt es,
doch wir betrachten uns nicht,
wir betrachten auch nicht einander.
Wir schauen uns vielleicht an,
doch wir betrachten uns nicht.

Wir spüren all den Dreck an uns,
und wir scheuen uns davor hinzusehen.
Und so begehen wir Verrat an uns,
weil wir uns nicht kennen.
Wir verhüllen uns,
um weiter unseren Blick abzuwenden.

Anstatt uns mit ein paar Tropfen sauberem Wasser zu reinigen,
uns der Stille und Liebe zu öffnen,
trüben wir lieber unsere Augen,
indem wir uns ablenken und blenden lassen.
Wir nehmen lieber ein paar unnatürliche Stoffe ein
und hintergehen unsere Sinne
und damit uns selbst.

Wir ziehen uns eine „Maske" über,
die uns nicht atmen lässt,
die uns im Inneren ersticken lässt,
die uns nicht durchscheinen lässt,
doch die uns „Gott sei Dank" davor bewahrt,
dass andere uns wirklich erkennen.

Wollen wir daher weiter, besser und schneller sein,
damit wir auffallen?

Denn unsere trüben Augen und Masken lenken keine Blicke auf sich.
Denn sie sind nicht interessant.

Interessant bist Du,
Du, der sich dahinter versteckt,
der nach Liebe und Aufmerksamkeit schreit,
der endlich wieder atmen,
durchscheinen und
sein Licht strahlen lassen möchte.
Du bist interessant!

Warum also all die Ablenkung und Blendung?
Wo sich doch niemand mehr dafür interessiert.
Niemand, der tatsächlich bereit ist, dich zu betrachten.
Niemand, der tatsächlich bereit ist, dein Herz zu sehen,
und dein Herz zu fühlen,
und seine Schmerzen wie auch seine Freuden zu erleben.
Niemand, der tatsächlich bereit ist DICH zu sehen,
dein Wesen zu erkennen,
ohne sich an den Schein zu klammern,
welcher dein Herz weiter ausbluten lässt,
dein Strahlen erstickt
und deine Schönheit ignoriert.

Ich will dich sehen, Schönheit!
Ich will mit dir im Feuer tanzen.
Ich will dein Herz fühlen und es in Ehren halten.
Ich will dein Licht zum Strahlen bringen
und dir wieder Mut zur Freiheit einhauchen,
damit wir tanzen können, wie es unsere Herzen mögen,
durch das Leben und darüber hinaus.
Über Begrenzungen und Barrieren,
Tellerränder und Vorstellungsvermögen.
Über Berge und Täler hinweg,
in den Horizont hinein,
dorthin, wo die Sonne aufgeht
und wo sie den Himmel in ein farbenfrohes Spiel verzaubert.
Dorthin und noch weiter,
möchte ich mit dir tanzen, Schönheit.
Mich mit dir am Licht des Feuers ergötzen,
wie an der Wärme unseres Seins.
Ich will dich sehen, Schönheit!
Ich will mit dir tanzen.
Achtsam, sinnlich und voller Genuss.

Ruhe und Stille

Kannst du die Stille hören,
die Stille hinter all dem Lärm,
hinter all den Gedanken und Geräuschen?

Kannst du die Ruhe fühlen,
die Ruhe hinter all dem Stress,
hinter all den Aufgaben und Aktivitäten?

Ruhe und Stille,
zwei meiner treuesten und teuersten Begleiter.
Egal, wo ich bin,
immer warten sie mit offenen Armen auf mich,
darauf, dass ich mich ihnen zuwende,
darauf, dass ich sie wahrnehme,
darauf, dass ich mich ihnen anvertraue.

Hinter all dem Trubel und den Eindrücken,
die uns täglich ablenken und unsere Aufmerksamkeit fordern,
hinter all den Gedanken und Ideen,
die uns täglich beschäftigen und sich unserer Aufmerksamkeit bedienen,

hinter all dem
liegt die Stille,
stets bereit uns zu umfangen
und uns in ihren heilsamen Mantel einzuhüllen.

Hinter dem Knacken der Äste,
hinter dem Rauschen des Baches,
hinter dem Motorenlärm und dem Kindergeschrei.
Kannst du sie hören?
Kannst du ihre Anwesenheit spüren?
Kannst du ihre Allgegenwärtigkeit wahrnehmen?

Ruhe und Stille,
zwei meiner treuesten und teuersten Begleiter.
Immer da,
immer verfügbar,
und doch nicht immer wahrnehmbar.

Ein Ort des Rückzugs und der Erholung für mich,
zu dem ich den Schlüssel manchmal nicht finde.
Doch wenn ich bei mir bin,
und in Frieden in mir ruhe,
öffnet sich die Tür zu diesem Ort wie von Geisterhand.

Dann lädt er mich ein, in seinen heiligen Raum
und umfängt mich mit seinem heilsamen Mantel
aus Ruhe und Stille,
so kostbar
und immer präsent.

Ich bin müde

Ich bin müde von dem eiskalten Wind der Gier,
von der ermahnenden Stimme der rationalen Vernunft,
welche sich als einzig relevantes Argument darstellt.
Ich bin müde von der herzlosen Angst,
von dem daraus resultierenden engstirnigen Handeln und Denken,
welches mich davor schützen möchte, zu kurz zu kommen.
Ich bin müde von dem Verlangen, es besser wissen zu wollen,
von dem Versuch keine Fehler zu machen
und dadurch so vieles ungewagt bleiben zu lassen.
Ich bin müde davon, mich weiter danach zu sehnen und davon zu träumen,
anstatt loszugehen, zu riskieren und zu lernen.
Ich bin müde davon, mich abzulenken und mich zu betäuben,
Unstimmigkeiten herunterzuspielen oder zu ignorieren.
Ich bin müde davon, den Tatsachen nicht ins Auge zu sehen,
meinen Mund zu halten und gute Miene zum bösen Spiel zu wahren.
Ich bin müde davon, die Stimme meines Herzens zu leugnen
ihre Einwände zu verdrängen und ihre Schreie zu ignorieren.
Ich bin müde davon, nach Macht, Sicherheit und Geld zu streben
und dabei meinen eigentlichen Wunsch nach Wirkung,
Geborgenheit und Reichtum zu übersehen.

Immer wieder dann...

Immer wieder dann, wenn ich dem eiskalten Wind der Gier begegne
und mich von der kalten Stimme der rationalen Vernunft verführen lasse,
immer wieder dann,
wenn ich aus der Überzeugung heraus, mich schützen zu müssen,
mich abbringen lasse vom liebevollen und menschlichen Handeln,
immer wieder dann,
wenn ich meinem Herzen die Luft nehme,
indem ich aus der Angst heraus handle, zu kurz zu kommen.
Immer wieder dann, sind es die Begegnungen mit euch,
eure Taten der Herzenswärme und Menschlichkeit,
welche mich Geborgenheit erfahren
und den Reichtum der Verbindung spüren lassen.

Immer wieder dann, wenn ich eile, um es besser zu machen,
dich dabei aus Unachtsamkeit verletze
und es als „Kollateralschaden" abwerte und hinnehme,
immer wieder dann,
wenn ich stehen bleibe und den nächsten Schritt nicht wage,
aus Angst, einen Fehler zu machen,
sind es die Begegnungen mit euch
eure Taten der Herzenswärme und Menschlichkeit,

welche mich daran erinnern, worauf es mir wirklich ankommt,
welche Spuren ich hinterlassen möchte
und welche Art von Reichtum mir tatsächlich als erstrebenswert erscheint.

Immer wieder dann, wenn ich mich ablenke und betäube,
um den Tatsachen nicht ins Auge zu sehen.
Immer wieder dann, wenn ich Unstimmigkeiten herunterspiele,
oder sie ignoriere und sie mit meinem Schweigen (be)stärke.
Immer wieder dann, wenn ich das böse Spiel erkenne,
doch weiterhin gute Miene dazu mache,
sind es die Begegnungen mit euch,
eure Taten der Herzenswärme und Menschlichkeit,
welche mich lang befolgte Spielregeln hinterfragen lassen,
und mein Gerenne nach Macht, Sicherheit und Geld unterbrechen,
um wieder in Begegnung zu kommen,
und in der Begegnung zu Dir
Wirkung, Geborgenheit und Reichtum zu erfahren.

Dem „Du" begegnen

„Ich werde am Du;
Ich werdend spreche ich Du.
Alles wirkliche Leben ist Begegnung" [1]

Martin Buber

Sie ist imaginär

Du meinst, du würdest sie kennen?
Doch so, wie du sie siehst,
existiert sie nicht.
So, wie du sie siehst,
existiert sie nur in deinen Gedanken,
nur in deinen Vorstellungen.

Jedes Mal, wenn du ihr aus diesen Gedanken heraus begegnest,
wirst du es verabsäumen, ihr tatsächlich zu begegnen.
Du wirst ihr in die Augen schauen
und es dabei verabsäumen, sie zu sehen.
Jedes Mal, wenn du denkst, du wüsstest wie und wer sie ist,
verschließt du dich in Wahrheit ihr gegenüber,
verschließt du dich gegenüber dem Wunder, welches sie ist,
verschließt du dich der Vielfalt, welche sie in sich trägt,
verschließt du dich dem Universum, welches ihr Zuhause ist.

Denn sie ist mehr als du denkst, dass sie ist.
Sie ist mehr als du siehst, dass sie ist.
Sie ist mehr als dein Kopf begreifen
und deine Sinne verarbeiten können.

Willst du ihr wahrlich begegnen,
so gilt es, deine Vorstellungen von ihr beiseite zu lassen,
dich von deinem Herzen über die Grenzen deines Verstandes
und über die Grenzen deiner Sinne hinausführen zu lassen.

Willst du sie wahrlich sehen,
so begegne ihr nicht mit einem prüfenden Blick,
welcher nach Erklärungen sucht,
denn ihm wird sich die Vielfalt, das Wunder und ihre Größe entziehen.

Willst du sie wahrlich kennenlernen,
so öffne dein Herz und lade sie ein, darin Platz zu nehmen.

Nur dein Herz vermag es, weit genug zu werden,
um ihre Größe fassen und umfangen zu können.
Deinen Verstand wird sie sprengen,
deine Sinne werden nur einen Teil von ihr erkennen können
und deine Vorstellungen von ihr werden dich schnell in die Irre führen.

Deine Worte sind zu eng, als dass sie ihre Vielfalt umschreiben könnten,
dein Verstand zu klein, um das Wunder zu fassen, welches sie ist.
Nur dein Herz vermag es, weit genug zu werden,
um sie in ihrer Ganzheit und Größe kennenzulernen.

Bist du bereit, dein Herz so weit werden zu lassen?

Wenn du sie wirklich kennenlernen willst,
so wird sie dir ihre Schönheit offenbaren,
aber sie wird dich auch darin fordern,
dein Herz zu entfalten.

Bist du bereit, dein Herz so weit werden zu lassen,
dass du ihre ganze Größe kennenlernen kannst?
Oder willst du sie doch nicht ganz kennenlernen?
Sondern nur jene Anteile an ihr, welche klein genug sind,
um mit deinem Verstand begriffen,
mit deinen Sinnen erfasst
und mit deinen Worten umschrieben zu werden?

Entscheidest du dich dafür,
eure Größe zu entdecken und zu leben,
oder hältst du dich lieber mit Kleinigkeiten auf?

Vom Schauen und Sehen

Wir haben gelernt einander anzuschauen
und dabei vergessen einander zu sehen.
Mir wurde beigebracht dich aus Höflichkeit anzuschauen
und auf dem Weg der höflichen Benimmregeln
habe ich verlernt dich zu sehen.
Zu schauen hat man mir beigebracht,
zu sehen habe ich dabei aus den Augen verloren.
„Nur mit dem Herzen sieht man gut" hat man mir gesagt,
doch mit den Augen zu schauen hat man mich gelehrt.
„Das Wesentliche ist für die Augen unsichtbar" hat man mir gesagt,
und mir erklärt, dass die Augen mein Sehorgan wären.

Ja, Augen können mir ein Tor zu deiner Seele sein,
deine Augen, sowie meine Augen,
wenn ich mich nicht damit begnüge zu schauen,
sondern mich wieder auf das Sehen einlasse,
wenn ich wieder in die Frage gehe, statt ins Wissen,
ins Lauschen, statt ins Hören
und in die Verbindung, statt in die Vorstellung.

Von (Augen)Blicken und heiligen Räumen

Ich bin nicht so wie eine Stimme in mir sagt, dass ich sein sollte.
Und dennoch öffnest du deine Arme
und dein Herz für mich,
teilst deine Gaben,
deine Talente
und deine Ressourcen mit mir.

Ich bin wild, wenn ich ruhig sein sollte,
und zu laut, wenn ich still sein sollte.
Ich schweige, wenn Worte erwünscht sind
und erstarre, wenn Ausdruck verlangt wird.

Und du sitzt da
und gibst mir Raum,
lässt mich sein wie ich bin
und heißt mich willkommen,
in meinem Raum,
in deinem Raum,
in mir,
in meinem Leben,
und in deinem Leben,

in diesem Moment, den wir miteinander teilen.

Ich bin nicht perfekt
und du siehst es.
Und dennoch streckst du mir deine Hand entgegen,
lädst mich dazu ein, mich zu zeigen,
siehst mich an und bleibst stehen,
trotz meiner Wildheit,
trotz meiner Kälte,
trotz meiner Starre
und trotz meiner Härte.

Du stehst da und durchblickst es.
Du stehst da und schaust hindurch.
Du stehst da und siehst mich.
Und jeder deiner Blicke trifft auf mein Herz,
durchdringt meine Starre,
meine Rauhheit,
und meine Härte,
durchdringt mein Getue
und lässt die Kälte in mir schmelzen.

Du stehst da
und tust nichts

und genau dadurch tust du so viel.
Du lässt mir meinen Raum,
lässt mich durch meine Prozesse gehen
und mich meine Wege finden.

Und immer noch stehst du da
und schaust,
schaust mich,
durchschaust mich.

Deine Blicke sind Medizin.
Der Raum, den du öffnest und hältst,
ist mir ein Raum der Erlaubnis,
ein Raum der Bezeugung,
ein Raum der Begegnung,
ein Raum der Heilung
und ein Raum, der mir heilig ist.
Danke dafür.

In der Stille begegnen

Ich habe vielleicht nichts zu erzählen oder zu sagen,
aber ich freue mich, wenn du mit mir hier bleibst
und die Stille zwischen uns umarmst.
Wenn du mit mir fühlst, was nicht in Worten ausgedrückt werden kann
und doch da ist und geteilt werden möchte.

Soviel ist in mir,
doch ich finde keine Worte, die es auszudrücken vermögen.
Aber wenn du bereit bist,
mit mir in der Stille zu verweilen,
lauschend, beobachtend und fühlend,
werde ich mich dir mitteilen,
nicht nur in Worten,
sondern mit allem, was ich bin und tu.

Ich werde teilen,
nicht nur Worte,
sondern alles, was sich in mir bewegt,
alles, was mich berührt,
alles, was ich bin.

In der Zweisamkeit vermag ich
ein neues Kapitel meines Lebens anzufangen,
oder meine Geschichte neu zu schreiben,
ohne dass auch nur ein Wort verwendet wurde.

Wenn wir zuhören, wenn wir wirklich zuhören,
können wir hören, was nie gesagt wurde,
und fühlen, was mit Worten nicht ausgedrückt werden kann.

Ich teile mich mit,
ich erzähle von mir
und allem, was mich bewegt und berührt.
Du brauchst nur zu beobachten und zu spüren.

Wenn du mit mir in der Stille sein kannst,
brauchst du keine Worte, um mich zu hören.
Denn dann werde ich wie ein offenes Buch für dich sein,
das zu dir spricht und in dem du lesen kannst,
all meine Geschichten,
alles, was ich bin,
und alles, was ich über mich denke,
ohne dass ich auch nur ein Wort verwendet habe.

Ich habe euch gerufen

Ich habe euch gerufen.
Und ihr seid wahrlich gekommen.
Ich hatte mich verirrt,
bin von meinem Weg abgekommen,
hatte vor Hürden gescheut,
und Stolpersteine übersehen.

Ich hatte mich verirrt,
verloren war ich im Dunkel,
im Nebel,
im Vergessen.

Doch mein Herz hat sich an euch erinnert,
an unsere Verbindung,
an eure Herzen
und eure Bereitschaft mich zu er-innern.
Und so hat es gerufen,
nach euch,
aus ganzer Kraft.

All die einsamen Tage und Nächte,
in denen ich verloren umherirrte,
ohne Ziel,
ohne Sicht,
hat es nach euch gerufen.

Ich habe euch gerufen.
Und ihr seid wahrlich gekommen.
Mein Herz hat mich zu euch geführt.
Und ihr habt mich mit offenen Armen empfangen.
Ich fühlte, dass ihr etwas Besonderes für mich wart,
doch ich hatte euch nicht erkannt.

Ich wusste nicht von der Bedeutsamkeit,
welche unsere Begegnung für mich haben würde.
Ich wusste weder,
dass ich nach euch gerufen hatte,
noch wusste ich,
dass ihr auf meine Rufe geantwortet hattet.
Ich sah euch nicht als Vertraute oder Verbündete,
ich sah euch als Männer und Frauen,
die zufällig meinen Weg kreuzten.

Ich ahnte weder das Heil,
welches ich durch euch erfahren,
noch die Verbundenheit,
welche ich mit euch fühlen konnte.
Ich ahnte nicht,
dass durch unsere Adern etwas fließt,
das uns schon lange miteinander verbindet,
und das uns die Rufe der anderen hören lässt.

Ich habe euch gerufen.
Und ihr habt geantwortet.
Ihr habt mir geholfen, mich zu erinnern.
Auf eine Art und Weise,
die wir gar nicht als Unterstützung gesehen haben.

Es war wie ein Instinkt in uns,
der uns zueinander führte
und der euch tun und sagen ließ,
was ihr tatet und sagtet,
ohne zu wissen,
dass dies meine Medizin war,
ohne zu wissen,
dass dies mein Heil bedeutete.

Ich habe euch gerufen.
Mein Herz hat mich zu euch gebracht.
Ihr habt mir zurückgeholfen,
zurück in meine Klarheit,
zurück auf meinen Weg.

Ihr habt mir einen Dienst erwiesen,
von dem ihr gar nicht ahnt,
was mir dieser bedeutet
und wie sehr mich dieser berührt.
Ich stehe nicht in eurer Schuld,
denn ich habe mich nicht schuldig gemacht.

Ich stehe in der Liebe,
in der Liebe zu euch
und in der Liebe zum Leben.
Mein Herz ist offen,
meine Verbindung zu euch gestärkt.
Ich werde lauschen.

Spaziergang

Wenn ich bei mir bin
und hineinspüre,
in mich und den Raum zwischen uns,
dann spüre ich auch,
sobald wir anfangen,
dem anderen gegenüber Erwartungshaltungen einzunehmen.

Ich spüre deine Erwartungen und Projektionen.
Ich kann sie oft nicht benennen,
und doch spüre ich sie.
Und manchmal beginne ich mich
nach und nach,
kaum merklich,
nach ihnen zu richten.

Wie eine Blume, die sich nach der Sonne dreht,
langsam, kaum merklich,
und doch steht sie Abends gedreht da,
verdreht.

Genauso ranke ich mich,
ohne mir dessen bewusst zu sein,
deinen Erwartungen und Projektionen entgegen,
verbiege mich,
aus einer Bedürftigkeit heraus,
um Zuneigung und Aufmerksamkeit zu erlangen.

Wenn ich bei mir bin
und hineinspüre,
in mich und den Raum zwischen uns,
dann spüre ich,
sobald wir anfangen,
dem anderen gegenüber Erwartungshaltungen einzunehmen.

Wenn ich dann bei mir bleibe,
und hineinspüre,
in mich und den Raum zwischen uns,
kann ich all die Projektionen und Erwartungen wieder fallen lassen,
kann wieder ins Sein kommen,
in die Stille
und in den Fluss,
kann meine Grenzen wahrnehmen,
meine Bedüftigkeiten selber nähren
und dir als ebenbürtige Sonne von Herz zu Herz begegnen.

Ich vermisse dich

Ich wünschte, du wärst hier bei mir.
Doch ich will dich nicht fragen, ob du vorbeikommst,
denn ich weiß, du würdest nur physisch kommen.

Ich komme nicht an, gegen die Attraktionen in deinem Leben,
zwischen denen du dich hin und her hetzt,
zwischen denen ich dich zwar immer wieder sehe,
aber kaum noch spüre.
Spürst du dich?

Du erzählst mir die spannendsten Geschichten aus deinem Leben,
erzählst mir von deinen Tätigkeiten, Erlebnissen und wen du getroffen hast.
Doch du erzählst mir nur von deinen Erlebnissen im Außen.
Wer bist du? Wo bist du?
Ich vermisse dich.

Ich wünschte, du wärst hier bei mir.
Doch ich will dich nicht fragen, ob du vorbeikommst,
denn ich weiß, du würdest nur physisch kommen.

Manchmal, wenn du mir gegenüber sitzt,
schaue ich dir in die Augen und frage mich, wo du bist.
Irgendwo hinter diesen schönen braunen Augen ist er,
jener Mensch, den ich so sehr liebe,
jener Mensch, den ich vermisse,
und den zu treffen ich mir wünsche.

Unsere Treffen werden seltener,
obwohl ich mir wünschte, du wärst hier bei mir.
Denn ich höre auf zu fragen, ob du vorbeikommst,
denn ich weiß, du würdest nur physisch kommen.

Wenn es Zeit ist weiterzugehen...

Dieser Ort ist ein Teil meiner Geschichte,
und ich bin zu einem Teil der Geschichte dieses Ortes geworden.
Ich kann ihn aus meiner Vergangenheit nicht wegdenken,
und will es auch gar nicht.
Weder aus meinem Leben
noch aus meinem Herzen.

Ich habe hier viel gelernt,
viel erfahren,
viel gelebt, gelacht und geliebt.
Dieser Ort ist ein Teil meiner Vergangenheit.
Ein Teil, den ich nicht missen möchte in meinem Leben
und ein Teil, auf den ich stolz bin.

Ich bin dankbar für die gemeinsamen Zeiten,
für die Schritte, die ich hier gegangen bin
und die Wegstrecken, auf denen ich gelernt habe.
Diese Zeiten bedeuten mir viel,
für diese Zeiten bin ich dankbar.
Ich halte sie in Ehren.

Und dennoch breche ich jetzt auf,
gehe los und schließe die Tür hinter mir.
Ich gehe alleine weiter
und verlasse mich nicht mehr auf dich und deine Worte.
Ich verlasse mich nicht mehr auf unsere Abmachungen
oder deine Versprechungen.
Ich verlasse mich nicht mehr.
Ich gehe
alleine
weiter.

Du bist ein Teil meiner Vergangenheit,
ein sehr wertvoller Teil meiner Vergangenheit.
Und auch wenn du vielleicht kein Teil meiner Zukunft sein wirst,
die Erinnerung und die Dankbarkeit werden bleiben.

Und vielleicht gibt es einen Punkt,
an dem wir uns wiedersehen.
Vielleicht gibt es einen Punkt,
an dem wir gemeinsam wieder weitergehen.
Doch um dir dort frei
und in meiner Kraft zu begegnen,
muss ich jetzt alleine aufbrechen.

Und so schließe ich die Tür hinter mir,
und öffne die Tür vor mir,
atme die frische Luft des Neuen ein,
spüre die Aufregung und tanze in Wildheit.

Ich lasse mich vom Feuer der Hoffnung durchströmen
und jede schmerzende Wunde von ihr aufreißen,
um sie dann mit einem Seufzer auszustoßen.
Es war schön hier. Danke!
Jetzt bricht eine neue Zeit an.
Herzlich Willkommen.

Befruchtende Begegnung

Da steht sie
und geht weiter ihren Weg,
unerschütterlich,
als hätte es die schwierigen Zeiten nie gegeben.
So stark, so klar
wirkt sie.

Und doch hat sie ihr inneres Chaos,
ihre Unsicherheiten,
ihre inneren Zweifel.
Sie hat mich an ihren Träumen teilhaben lassen
und mir von ihren inneren Kämpfen erzählt.
Sie hat mir ihre Wunden gezeigt,
und ihre verheilenden Narben.
Sie hat mir eine Welt gezeigt,
die ich nicht in ihr vermutet hätte.

So stark, so klar
steht sie da.
So unerschütterlich
geht sie ihren Weg.

Und doch erkenne ich
die inneren Kämpfe,
die prägenden Wunden,
die ermahnenden Narben,
die inneren Unsicherheiten
und das Chaos in ihr.
Sie alle haben ihren Anteil daran,
dass sie hier steht wie sie steht:
Stark und klar
und unerschütterlich.
Sie weiß, wofür es sich zu kämpfen lohnt.

Sie weiß, wofür sie die äußeren Unsicherheiten in Kauf nimmt.
Das Wissen darum macht sie stark und klar.
Sie weiß auch um ihre Wunden und ihr inneres Chaos.
Das Wissen darum macht sie weich und weit.
Und sie weiß um ihre Unvollkommenheit und Beschränktheit.
Das Wissen darum lässt sie in Begegnung treten,
mit Menschen, die anders sind als sie,
denn sie weiß, dass diese Menschen andere Impulse und Ideen mitbringen
und somit andere Samen in ihre fruchtbare Erde legen können,
aus welchen Neuartiges erwach(s)en kann,
anders als sie es sich allein je hätte ausmalen können.

Ich achte dich

Ich achte dich.
Nicht für das, was du getan oder nicht getan hast.
Ich achte dich,
unabhängig von dem, was du getan oder nicht getan hast.
Ich achte dich,
als Wesen, welches in seiner Einmaligkeit existiert.
Ich achte dich und deine Einzigartigkeit,
auch wenn ich sie manchmal „schrullig" oder „mühsam" nenne.
Ich achte dich und deine Entscheidungen,
auch wenn ich sie nicht immer gut heiße.
Ich achte dich, dein Schicksal und deine Erfahrungen.
Ich achte deinen Schmerz und deinen Weg,
jenen, den du bis hierher gegangen bist,
und jenen, der noch vor dir liegt.
Ich achte die innere Stimme deines Herzens,
auch wenn ich sie manchmal nicht verstehe,
weil mein Herz etwas anderes spricht.
Ich achte deine Entscheidung, wann du dieser Stimme folgst
und wann nicht,
wann du sie wahrnimmst und ihr lauschst
und wann du dich ihr gegenüber verschließt.

Ich achte dich nicht für das, was du getan oder nicht getan hast.

Ich achte dich auch nicht trotz dem, was du getan oder nicht getan hast.

Ich achte dich.

Unabhängig von dem, was du getan oder nicht getan hast.

Ich achte dich

als einzigartiges Wesen,

welches in seiner Komplexität und Vielfältigkeit kein zweites Mal existiert.

Diese Achtung ist für mich nichts, was du dir verdient hast

oder verdienen musst.

Diese Achtung ist für mich eine Gegebenheit.

Weil Achtung die bevorzugte Form der Wahrnehmung meines Herzens ist.

Verweilen bis sich ein Weg zeigt

Sein
und den Schmerz erlauben.
Lieben
und gleichzeitig wissen, dass die Liebe den Schmerz nicht mindern wird.
Fühlen,
auch wenn dies bedeutet, dass wieder Tränen fließen werden.

Den Schmerz erlauben,
die Liebe erlauben,
und das Fließen der Tränen erlauben,
ohne mich abzulenken,
ohne mich von dem beeinflussen zu lassen,
was andere für „angebracht" halten.

Verweilen,
in diesem Raum,
der randvoll ist mit Liebe, Schmerz und Frieden.
Verweilen und bleiben,
bis ich den Impuls verspüre zu handeln.

Die Tränen auf meinen Wangen spüren,
und den sich ausweitenden Raum um uns.
Hier sind wir,
mit all dem Schmerz,
mit all der Liebe,
und soviel Frieden zwischen uns.

Ich sehe noch keinen Weg hier heraus,
ich spüre die Bewertungen der anderen,
weil ich nicht wähle,
weil ich nicht handle,
sondern „nur" hier sitze,
fühle
und bleibe.

Warum handle ich nicht?
Es ist die Verbindung zu dir
und meiner Wahrnehmung,
welche ich nicht bereit bin zu betrügen.
Was auch immer die anderen denken,
welche Entscheidung sie als richtig erachten,
ich werde diese nicht wählen,
solange ich nicht den Impuls dazu fühle.

Ich werde bleiben,
hier bei dir,
den Raum zwischen uns spüren
und warten.

Die Bewertungen der anderen werde ich vorbeiziehen lassen,
bis ich einen Ruf in meinem Herzen vernehme,
welcher mir einen Weg aufzeigt, der sich stimmig anfühlt,
einen Weg, der sich vor uns auftut und der mit meinem Herzen resoniert.
Und dann werde ich hoffentlich den Mut haben,
um aufzustehen und aus meinem Herzen heraus zu handeln,
die Verbindung zu dir fühlend,
den Schmerz zulassend,
und der Liebe folgend.

Aber bis dahin
werde ich hier bleiben,
hier bei dir,
und hineinfühlen,
in meine Tränen
und den Raum um uns.
Denn dies scheint die aufrichtigste Handlung zu sein,
zu der ich derzeit im Stande bin.

Ich liebe dich
   ...und ich danke dir

Ich hasse es, dass du manchmal so anders bist als ich
und ich liebe dich dafür, dass du dies aushältst,
dass du mich trotz unserer Unterschiedlichkeiten in den Arm nimmst,
und mich aufgrund unserer Unterschiedlichkeiten in den Arm nimmst,
und mich in Situationen der schmerzenden Distanz
dennoch unsere Nähe spüren lässt.

Wir haben gewählt,
wir haben uns entschieden.
Wir wissen, in welche Richtung wir gehen wollen.
Und wenn mein Verstand anfängt zu zweifeln
und meine Vernunft etwas von „unrealistisch" daherredet,
siehst du mich kritisch, aber liebevoll an,
und erinnerst mich an unsere Wahl.
Du lässt mich spüren, dass ich nicht allein bin auf diesem Weg,
und daher weder alles selber tun muss
noch alle Ereignisse, Zufälle und Abschnitte vorhersehen kann.

Deine Blicke ermahnen mich zu vertrauen,
deine Präsenz ermahnt mich weiterzugehen,

und selbst dann den nächsten Schritt zu wagen,
wenn sich der übernächste noch vom Nebel verschleiert hält.

Ich hasse es, wenn unser hartes Streben nicht belohnt wird
und sich wieder einmal die kalte Realität
zwischen uns und unsere Träume stellt.
Und ich liebe dich dafür,
dass du über all dies immer noch an meiner Seite lachst,
und mich mit einem breiten Grinsen in den Arm nimmst,
weil du dankbar auf das blickst, was wir (nicht nur aneinander) haben,
und dich voller Wertschätzung an unseren Träumen erfreust.
An jenen, welche wir schon verwirklicht haben,
und auch an jenen, die wir noch gemeinsam träumen
und welche wir Schritt für Schritt in unser Leben weben.

Wir haben gewählt,
wir haben uns entschieden.
Wir wissen, in welche Richtung wir gehen wollen.
Und wenn ich wieder einmal den Mut verliere
und meinen Verstand benutze, um Ausreden zu finden,
siehst du mich kritisch, aber liebevoll an.
Denn du weißt von den Durststrecken und Stolpersteinen,
du weißt von dem Schmerz und den Ängsten,
doch du weißt auch von der Mächtigkeit unseres Geistes,

von dem Lied, welches in meinem Herzen klingt
und von den Sehnsüchten, welche in meinen Adern pochen.
Und so sind deine Blicke weich und hart zugleich.
Sie ermahnen mich zu Disziplin
und fordern mich auf, mein Leben in die Hand zu nehmen
und meine Verantwortung und Macht zurückzuholen.
Bedingungslos und klar
machst du mich auf meine Fehlschritte aufmerksam,
nicht aus Herzlosigkeit, sondern aus Liebe.
Denn du weißt um meine Sehnsüchte,
um meine Wünsche und meine Freuden.
Du weißt von meinem Streben, meinen Zielen und meinem Verlangen.
Deine Blicke umfangen mich mit Liebe, weil sie mein Innerstes sehen,
und mich aus Respekt vor diesem zur Korrektur ermahnen.

Ich hasse es, wenn ich aus dem Schmerz heraus um mich schlage,
mich in mich selbst verkrieche und jede Verbindung kappe.
Und ich liebe dich dafür, dass du dies durchschaust,
und unsere Verbindung nicht sterben lässt.
Ich liebe dich dafür, dass du mich mit meinem Schmerz umarmst,
und mit meiner Freude zu tanzen weißt,
dass du dich vor meinen Tiefen nicht versteckst,
und dich nicht davor scheust, Licht in meine dunklen Ecken zu bringen.

Wir haben gewählt,
wir haben uns entschieden.
Wir wissen, in welche Richtung wir gehen wollen.
Und wenn ich wieder einmal zögere,
und wichtige Schritte überspringen möchte,
siehst du mich kritisch, aber liebevoll an
und erinnerst mich an unsere Wahl.

Du lässt mich spüren, dass ich nicht alleine bin auf diesem Weg,
und dass wir alle Zeit der Welt haben für den nächsten Schritt,
jedoch keine Sekunde dafür, den nächsten Schritt zu überspringen.
Dein Blick ermahnt mich dazu, hinzuschauen,
deine Geduld erweckt in mir Ehrfurcht vor dieser Chance
und deine Liebe bietet mir den Rahmen,
um mich in meine dunkelsten Ecken vorzuwagen.

Liebe ich dich dafür?
Nein.
Ich liebe dich.
Ich liebe dich nicht dafür.
Ich liebe dich. Und ich danke dir dafür.

Wenn ich (dich) sehe

Was ist es,
was in mir die Liebe fließen lässt,
wenn ich dich sehe?
Was ist es,
das mein Herz offen und weit werden lässt,
wenn ich dir in die Augen blicke?
Was ist es,
das mich zum Strahlen bringt,
wenn ich dich beobachte?

Ich freue mich darüber,
dass du stehst, wo du stehst
und über den Weg, den du gegangen bist,
über die Entscheidungen, die du getroffen hast,
über die Herausforderungen, die du angenommen
und die Hürden, die du bewältigt hast.
Ich freue mich darüber,
dass du stehst, wo du stehst,
auch wenn da oft Schmerz ist,
auch wenn da oft Schwere ist in deinem Herzen,
und dich Trauer und Unmut umgeben.

Ich freue mich dich wiederzusehen
und ich freue mich dich so zu sehen.
Ich freue mich darüber, dass du stehst,
dass du dich entschieden hast zu leben
und dass du nicht zerbrochen bist an den Hürden und der Last,
sondern aufgebrochen bist, um durchzubrechen
zu dir, deinem Herzen und deinem ureigenen Sein.

Ich freue mich, dass du dich nicht abwendest von der Liebe,
sondern immer wieder deinen Mut und deine Kraft sammelst,
um hinzuschauen,
auf die Liebe,
auf dich,
auf deine Taten
und auf den Schmerz, der die Liebe verdeckt.

Ich freue mich über deinen Mut,
über jeden deiner ehrlichen Blicke auf dich und deine Umwelt,
über jede deiner Entscheidungen, die du aus vollem Herzen triffst
und mit denen du dich
über den Schmerz, die Schwere und die Angst erhebst.

Ich achte das Dunkle,
das du in dir trägst,

und das dir in Form von Erfahrungen
wie ein Mantel umgelegt wurde.

Ich achte den Schmerz,
den du in dir trägst,
und die Schwere deines Mantels,
gewebt aus Erinnerungen.

Ich achte die Trauer,
die dich immer wieder überkommt,
weil dein Herz dir von der Liebe zuflüstert
und du spürst, wo diese nicht zu Hause ist.

Es fließt Dankbarkeit in mir,
wenn ich sehe,
dass du die Liebe nie aufgegeben hast,
egal wie dicht und schwer der Schmerz war,
den man dir darüberlegte.

Dein Herz hat nicht aufgehört
für die Liebe zu pochen,
es hat nicht aufgehört
dir von der Liebe zu erzählen
und dir Wünsche und Sehnsüchte einzuhauchen.

Und du, du hast nicht aufgehört hinzuhören,
und bist immer und immer wieder neu aufgebrochen.

Es macht mein Herz weit,
wenn ich sehe,
dass du nie aufgegeben hast,
dich deinen inneren Ängsten zu stellen,
dass du immer noch und immer wieder
einen ehrlichen Blick wagst,
auf das, was schmerzt,
auf das, was dich lenkt,
auf das, was du tust.

Es bringt mich zum Strahlen,
wenn ich sehe, wie du inne hältst,
wie du den Zugang zur Liebe festigst,
indem du leise wirst und fühlst,
deiner inneren Stimme lauschst
und durch all die Schichten der dunklen Mäntel blickst,
welche wir uns umgehängt haben.

Es weckt in mir Mut und Zuversicht,
wenn ich sehe wie du klar und entschlossen bei dir bleibst,
bis du die Stimme deines Herzens vernimmst,

die Ruhe in dir spürst
und in das Meer der Liebe eintauchst.

Danke, dass du bist!
Danke, dass du weitergehst!

Vielleicht geht es um die Liebe

Ich wurde darin bestärkt, über dich zu urteilen.
Ich wurde ermuntert, dich zu bewerten und zu beschuldigen,
während dich zu lieben mich erst wirklich frei werden ließ.

Lange hielt ich mich selbst als Gefangene meines Verstandes,
indem ich handelte wie mir vorgegeben wurde,
unsere Handlungen beurteilte,
sie als „gut" und „nicht gut" wertete,
als „schlecht", „intolerabel" und „selbstverschuldet".

Dich als „Schuldigen" hinzustellen
half mir zu Beginn.
Es war anfangs wichtig für mich,
um zu erkennen,
dass ich nicht die ganze Verantwortung zu übernehmen brauche
für das, was geschehen war.
Es war für mich wichtig,
um einen Schritt zurückzutreten,
um Abstand zu unserem Schicksal zu gewinnen
und Dinge anders sehen zu können.

Doch nun helfen mir weder der Abstand noch die Bewertungen weiter,
um in meinem Heilungsprozess voran zu kommen.

Vielleicht ist es jetzt an der Zeit
wieder einen Schritt nach vorn zu machen,
wieder einen Schritt weiterzugehen,
mich wieder der Liebe zu öffnen, welche durch mich fließen möchte,
und mir zu erlauben, diese Liebe zu fühlen,
auch die Liebe zu dir,
mir zu erlauben, die Liebe zu zeigen,
auch die Liebe zu dir.
Unabhängig davon, ob dies für meinen Verstand Sinn ergibt,
unabhängig davon, ob dies für andere Sinn ergibt.

Dem Fluss der Liebe zu vertrauen und zu folgen,
und dabei liebevoll und freundlich mit mir selbst zu sein,
das war der Schlüssel, der mich befreite.
Mich der Liebe wieder öffnen, welche durch mich fließen möchte,
wahrnehmen und spüren, was geschieht,
wahrnehmen und spüren, wie ich reagiere,
welche Gefühle und Empfindungen in mir geweckt werden,
und dort mit meiner Aufmerksamkeit bleiben,
in mir,
bei mir,

mit mir.
Genau dort,
im Zentrum all dieser Gefühle und Empfindungen,
genau dort,
im Zentrum dieser Bewertungen, Verurteilungen und Geschichten,
genau dort, wo all die Liebe durchbrechen möchte.

Denn
vielleicht
geht es um die Liebe.
Vielleicht
geht es wirklich um die Liebe.
Und auch wenn die Liebe vielleicht nicht alle Wunden zu heilen vermag,
so glaube ich doch,
dass mich Liebe freier macht als Ver- und Beurteilungen.

Es wird weich

Es wird weich in mir.
Immer wieder bahnen sich Tränen ihren Weg ans Tageslicht.
Aus Rührung.
Die Begegnungen mit euch berühren mich.
Ihr berührt mich.

Ich habe keine Worte für das, was sich in mir bewegt.
Es wird weich,
es wird offen,
es wird verletzlich.
Ich werde weich,
ich werde offen,
ich werde verletzlich.

Und jetzt?
Jetzt sitze ich da und es fließt Liebe.
Wenn ich mir Zeit nehme,
fließt Liebe.
Und dann ist Frieden,
in mir,
und ich weiß, dass alles gut ist wie es ist,

und dass alles sein darf, was ist.
Da ist soviel Dankbarkeit.
Dankbarkeit für die Liebe hinter all den Dingen.

Und gleichzeitig spüre ich, wo es eng wird in mir,
wo ich die Liebe noch nicht frei fließen lasse,
weil ich begrenze und beschränke,
mit meinen Bewertungen,
meinen Vorstellungen und Konzepten,
mit meiner Idee von Wahrheit und Gerechtigkeit.
Und dort bleibe ich und atme ...

In der Welt sein

Wenn ich meine Einzigartigkeit lebe
und mit ihr die Welt berühre,
entsteht eine Begegnung, die uns alle verändern kann.

Leistung

Ihr redet von „Leistungsgesellschaft" und davon,
dass in unserer Gesellschaft nur Leistung zählen würde.
Ich aber sehe mich um und sehe kaum Leistung.
Und so frage ich mich:

Wo seht ihr Leistung?
Wo seht ihr euch an eurer Leistung gemessen?

Denn ich sehe mich um und habe den Eindruck,
Leistung suchen zu müssen, wenn ich sie sehen möchte.
Und doch höre ich euch sagen,
wir würden in einer „Leistungsgesellschaft" leben.
Und so frage ich mich:

Was seht ihr als Leistung an?
Wie oft trefft ihr noch wahre Leistung an?

In möglichst wenig Zeit viel Geld zu erwirtschaften,
und dabei unsere Erde zu vergiften,
ist das etwa Leistung für euch?
In der Schule gute Noten zu sammeln,

indem man schön brav auswendig lernt, was einem vorgegeben wird,
und dies dann wiedergekaut auf den Tisch des Lehrers kotzt,
ist das die Leistung, nach der ihr unsere Gesellschaft messt?

Seine Abende mit sinnfreiem Bürokram zu verbringen,
um den Kindern das neueste Smartphone kaufen zu können,
dadurch aber keine Zeit zu „haben", um sie vor dem zu-Bett-Gehen
noch in den Arm zu nehmen,
darin kann ich beim besten Willen keine Leistung erkennen.

Noch einen Auftrag mehr abzuschließen,
welcher sicherstellt, dass wieder sinnlos
Ressourcen in die Luft gejagt werden,
um Produkte herzustellen, über deren Entsorgung
sich die nächste Generation den Kopf zerbrechen kann,
dies ist für mich keine Leistung.

Jedem Bekannten die Wünsche von den Augen abzulesen
und zu meinen, diese erfüllen zu müssen,
lasse ich auch nicht als Leistung gelten.

Wenn wir dies „Leistung" nennen,
machen wir uns - in meinen Augen - kleiner als wir tatsächlich sind.

Ich sehe ein größeres Potential in uns
als Meinungen und Aussagen anderer blind zu wiederholen.
Ich sehe ein größeres Potential in uns
als uns nach Meinungen, Aussagen und Wahrheiten anderer zu richten.

Ja, ihr könnt mich einen „hoffnungslosen Romantiker" nennen,
aber ich stehe zu dem, was ich sehe.
Ich stehe dazu, dass ich mehr in euch, mehr in mir und mehr in uns sehe.

Leistung ist für mich,
immer wieder den Mut aufzubringen, um Alles auf's Neue zu riskieren.

Leistung bedeutet für mich,
die Menschlichkeit, welche wir in unseren Herzen tragen,
auch dann noch durch unsere Taten sprechen zu lassen,
wenn uns die Angst das Herz bis zum Hals schlagen lässt.

Leistung bedeutet für mich,
mich immer wieder meinen eigenen Schatten zu stellen,
dabei nicht zu verzagen,
und weder depressiv noch gleichgültig zu werden.

Leistung bedeutet für mich,
immer wieder aufzustehen, den Dreck abzuputzen und weiterzumachen.

Leistung bedeutet für mich,
zu mir zu stehen
und meine Sicht der Dinge auch dann noch zu vertreten und zu leben,
wenn mir Verständnislosigkeit und Respektlosigkeit entgegenschlagen.

Leistung bedeutet für mich,
für das einzustehen, was ich für gut und richtig halte,
mich nicht zu verbiegen, um dazuzupassen,
und auch nicht, um nicht aufzufallen.

Leistung bedeutet für mich,
auch dann noch meinem Herzen treu zu bleiben
und es sprechen zu lassen,
wenn ich daran zweifle, überhaupt je gehört und verstanden zu werden.

Leistung bedeutet für mich,
Schmerzen zuzulassen und zu fühlen
und ihre Kraft als Triebfeder zu nutzen,
um in mein Potential und meine Kraft zu steigen.

Das ist für mich Leistung.
Und ich begegne solchen Leistungen immer wieder.
Doch nicht in jenem Maße,
dass ich von einer „Leistungsgesellschaft" sprechen würde.

Diese kann ich noch nicht sehen,
wohl aber kann ich an sie glauben.

Willst du sie mit mir verwirklichen?

Ich dachte, es müsse schnell gehen

Ich dachte, es müsse schnell gehen.
Ich dachte, ich müsse schnell gehen.
Gibt es doch so viel Wichtiges und Interessantes auf dieser Welt.
So vieles, das ich sehen, erleben und begreifen möchte.
Also schnell noch hier rüber und dort hin,
schnell noch dies leisten und jenes lernen,
schnell noch von diesem Meilenstein zum nächsten ...

Eine innere Getriebenheit folgte mir.
Sie begleitete mich von einem Ereignis zum nächsten,
war bei all meinen Erfolgen stets gegenwärtig.
Nichts war gut genug,
nichts war ausreichend,
immer war der Blick auf „das Nächste" gerichtet.

Anstatt mein eigenes Tempo zu wählen,
war ich Getriebene meiner Angst, etwas zu verpassen.
Und ich verpasste dadurch.

Denn auch wenn ich manchmal einen Sprint hinlege,
weil dies gerade meiner Freude und Inspiration entspringt,

so ist mein Tempo oft langsam,
und manchmal sogar sehr langsam.

Denn ich möchte die Verbindung spüren,
zu dem Ort, an dem ich mich befinde,
zu dem Menschen, der mir gegenüber sitzt,
zu dem Baum, in dessen Schatten ich verweile,
zu dem Thema, über das ich lese oder erzähle,
zu der Bewegung, die ich ausführe,
zu den Worten, die ich schreibe oder spreche
und zu den Dingen, die ich konsumiere.

Eine Verbindung zu spüren braucht nicht viel Zeit,
dies geht oft in einem Bruchteil einer Sekunde.
Und dennoch möchte ich mir hierfür Zeit nehmen.
Ich möchte mir Zeit dafür nehmen, die Verbindungen zu spüren,
denn diese gefühlte Zeit ist für mich eine erfüllte Zeit.

Und so werde ich jetzt in *meinem Tempo* weitergehen.
Auch wenn dies bedeutet,
dass ich langsam(er) gehe,
dass ich weniger Meilensteine erreiche,
dass ich weniger Bücher lese
und weniger Abschlüsse habe,

dass ich mehr Pausen einlege
und ich vielleicht öfters erst dann am „Ziel" bin,
wenn alle anderen schon fortgegangen sind
und bereits für den nächsten Marathon trainieren.
Ich werde vielleicht öfters einfach dasitzen
und „in die Luft schauen",
weil ich spüre,
die Verbindung spüre.

**Wenn das *Wie* von Bedeutung ist ...
mehr als das *Was***

Was, wenn das W*as* nebensächlich ist,
und das W*ie* das, worum es eigentlich geht?

Was, wenn ich bei meiner Jobwahl
das Augenmerk nicht in erster Linie darauf richte,
was ich tu,
sondern in erster Linie darauf,
wie ich es in dem jeweiligen Kontext tun kann?
Was, wenn es nicht so sehr darauf ankommt,
was wir den Kindern an Wissen vermitteln,
sondern darauf, wie wir mit ihnen sind,
wie wir ihnen begegnen
und wie wir uns begegnen?

Was, wenn es mir nicht darauf ankommt,
was du tust,
sondern darauf, wie du es tust?
Was, wenn meine Reaktion weniger davon abhängt,
was du sagst,
als davon, wie du es sagst?

Was, wenn es für mich weniger von Bedeutung ist,
was du mir gibst,
als wie du es mir gibst?
Was, wenn es für deinen Körper von größerer Bedeutung ist,
wie du etwas zu dir nimmst, als das, was du isst?

Was, wenn nicht so sehr
das W*as* zählt,
sondern das W*ie*?
Nicht so sehr das, was du hast,
sondern wie du mit dem umgehst, was du hast?
Nicht so sehr, was dein Kontostand sagt,
sondern wie du mit dem lebst, was dir zur Verfügung steht?

Nicht so sehr, was du heute getan hast,
sondern wie du heute dein Sein erlebt hast,
wie du mit dir und deiner Umwelt umgegangen bist,
wie du eure Verbundenheit gelebt und erfahren hast,
wie du dich gefühlt hast
und wie herzlich du heute gelacht hast?
Nicht so sehr, was du kannst,
sondern wie du das nutzt, was du kannst?
Nicht so sehr, was du weißt,
sondern wie du dein Wissen umsetzt und lebst?

Was, wenn die Talente und Gaben,
die du mitbekommen hast,
nicht in erster Linie definieren,
was du machst oder machen sollst,
sondern vielmehr wie du etwas machst?

Wenn du sie nicht zum Ausdruck bringst
durch das, was du tust,
sondern durch die Art und Weise
wie du handelst,
wie du sprichst,
wie du dich und andere berührst,
wie du dir selbst und anderen begegnest,
wie du in Kontakt trittst,
wie du schaust,
wie du bist?

Was, wenn du mehr bewirkst
durch das, wie du etwas tust
als durch das, was du tust?
Mehr in dir,
mehr in deinem Gegenüber
und damit mehr in der Welt.

Häufig gestellte Fragen

„Weißt du irgendwann einmal, was du willst?

Ich weiß, was ich will.
Jetzt.
Hier und Heute.
In diesem Moment.
Für diesen Moment.
Doch ich weiß nicht, was ich in 5 Jahren will.
Ich weiß nicht, was in 5 Jahren sein wird.
Sollte ich das wissen?
Aber dann würde ich die Vielfalt an Möglichkeiten einschränken,
würde mich beschränken,
auf das, was ich kenne
und auf das, was ich mir vorstellen kann.

Doch es gibt so vieles abseits von meinem Vorstellungsvermögen,
abseits von dem, was ich für möglich halte.
Und so vieles davon möchte ich erleben, erfahren und kennenlernen.
Sollte ich mir das etwa verwehren?

"Wie viel willst du denn noch ausprobieren?"

Ich weiß es nicht.
Aber ich glaube, noch viel.
Doch ausschlaggebend ist für mich nicht die Anzahl,
sondern das Folgen der Rufe,
welche ich vernehme,
aufsteigend aus meinem Inneren.
Es kommt mir nicht darauf an,
viel oder wenig zu tun oder auszuprobieren,
es kommt mir darauf an,
das zu tun, wonach sich mein Herz sehnt,
das zu leben, was mich erfüllt und
was mir jeden Tag ein dankbares Lächeln auf die Lippen
und ein freudiges Feuer in die Augen zaubert.

Das Leben ist voll von attraktiven Möglichkeiten,
und ich werde es nicht anstreben, nur einer Einzigen nachzugehen.
Ebenso wenig werde ich es anstreben, alle auszuleben.

Ich möchte ausprobieren, was mich ruft.
Ich möchte dem Ruf meines Herzens folgen
und die Stimme meiner Seele vernehmen.

"Du kannst doch nicht ewig so weitermachen!"

Nein, kann ich nicht.
Und will ich vielleicht auch gar nicht.
Schon allein, weil dieser Körper irgendwann zerfallen
und von anderen Lebewesen zersetzt werden wird,
schon allein deshalb kann ich nicht ewig so weitermachen.
Aber jetzt gerade kann ich so weitermachen.
Und jetzt gerade will ich so weitermachen.

Ich strebe nicht nach der Ewigkeit,
ich strebe nicht danach, an einer Form des Tuns oder Lebens festzuhalten,
ich strebe danach, zu leben wie es mich erfüllt.
Jetzt.
Hier und Heute.
In diesem Moment.
Für diesen Moment.

Ich strebe danach, den Moment zu erfühlen,
ihn zu erfüllen, ihn auszukosten,
und ihn zu erleben.
Diesen Moment.
Jeden Moment.
Jeden Moment neu.

"Hab' doch mal einen Plan!"

Ich habe Pläne.
Ich habe viele Pläne,
doch ich habe nicht den Anspruch,
dass alles nach Plan laufen muss.
Erfahrungsgemäß tut es das auch nicht.
Und ich bin froh darüber.

Ich bin dankbar dafür,
dass vieles nicht nach Plan läuft.
Denn auch planen kann ich nur innerhalb des mir Bekannten,
innerhalb dessen, was ich mir vorzustellen vermag.
Etwas Neuartiges kann ich nicht planen,
eine Begegnung, die mein Leben verändert, kann ich nicht planen.

Ich habe viele Pläne,
doch ich habe nicht den Anspruch,
dass alles nach Plan verlaufen muss.
Ich habe den Anspruch, mich auf das Leben einzulassen.
Jetzt.
Hier und Heute.
Auf diesen Moment.
Für diesen Moment.

"Und wie soll das funktionieren?"

Gar nicht.
Es soll nicht funktionieren.
Ich habe nicht den Anspruch,
dass mein Leben funktioniert.
Ich habe den Anspruch,
dass mein Leben lebenswert ist,
ausgefüllt und voll,
dass es mich bewegt und berührt.
Ich habe den Anspruch,
dass ich lebendig durch mein Leben gehe,
es fühle und wahrnehme,
in seiner vollen Bandbreite,
die schönen wie die unschönen Momente,
und an ihnen wachse,
sie annehme und wieder ziehen lasse.

Aber funktionieren muss mein Leben nicht.
Genauso wenig wie ich funktionieren muss.
Ich bin nicht hier, um zu funktionieren
und ich habe nicht den Anspruch, dass das Leben funktioniert,
nicht meines,
und nicht deines.

"Wäre es anders nicht besser gewesen?"

Ich weiß es nicht.
Doch manchmal glaube ich, ja.
Ich glaube, manchmal wäre es anders besser gewesen,
zumindest an Maßstäben gemessen, mit denen man mich zu messen lehrte.
Doch auch wenn das andere besser gewesen wäre,
so war es nicht mein Weg.

Potentialverliebtheit

Verliebt.
Verliebt in das, was sein könnte.
Verliebt,
nicht in das, was ist,
sondern in das, was ich für möglich halte.
Und somit nicht präsent.

Traurig.
Traurig, weil es ist wie es ist.
Und nicht so wie es sein könnte,
nicht so wie ich es für möglich halte.
Traurig,
wegen dem, was ist.
Und damit präsent
und in der Liebe.

Meine Art des „positiven Denkens"

„Denk' positiv!",
sagst du.
Und sogleich stehen mir die Haare zu Berge
und mein Bauch krampft sich zusammen.
Ich will nicht „positiv denken".
Ich will mir keinen Quatsch erzählen,
den ich nicht glauben kann.
Ich will mich nicht selbst betrügen,
und mir auch nichts vormachen.

Wenn da Angst in mir ist und Unwissen,
dann sind da Angst und Unwissen.
Und dann dürfen sie da sein,
und dürfen Raum einnehmen.
In mir.
Die Gefühle dürfen sich ausbreiten
und mich ausfüllen
und ich darf mir Raum nehmen,
um zu atmen und zu fühlen,
das, was da ist,
nicht das, was da sein sollte oder könnte.

Wenn da Angst und Nicht-Wissen sind,
so dürfen diese da sein,
und dürfen diese gefühlt werden,
ohne sie verändern, verdecken oder verschweigen zu müssen.
„Was ist, darf sein. Und was sein darf, kann sich wandeln."
Im eigenen Tempo.
Ohne „Muss".
Ohne „Sollte".

Und aus diesem Raum des Erlaubens
komme ich oft mit veränderten Gefühlen hervor.
Mit Gedanken,
die vielleicht deinen Kriterien des „positiven Denkens" entsprechen.
Doch es sind Gedanken, die ich fühle,
die ich glaube und die ich verkörpere.

Weil ich sie keimen ließ
und ihnen und mir Zeit gab,
um sich zu wandeln,
damals, als ich die Angst Angst sein ließ
und das Unwissen Unwissen.
Dort konnten sie sprießen,
die „positiven Gedanken", welche mir entsprechen.

„Verkaufe dich nicht unter deinem Wert!"

Ich solle mehr verlangen,
sagst du,
mich nicht unter meinem Wert verkaufen.
Ich solle mehr verlangen,
sagst du,
für das, was ich tu.

Du meinst, ich habe ein Problem mit meinem Wert.
Du meinst, ich würde ihn nicht erkennen
und mich unter meinem Wert verkaufen.
Doch ich sehe kein Problem mit meinem Wert,
und auch nicht mit dem Geld, welches ich bekomme.
Ich sehe meinen Wert nicht in dem, was ich verlange,
und ich messe meinen Wert nicht an dem, was ich verdiene.

Ich solle mehr verlangen,
sagst du,
mich nicht unter meinem Wert verkaufen.
Ich solle mehr verlangen,
sagst du,
für das, was ich tu.

Du meinst, ich habe ein Problem mit meinem Wert,
doch ich glaube, ich habe eher ein Problem damit, mich zu verkaufen,
egal ob über oder unter meinem Wert.
Ich möchte mich nicht verkaufen,
auch nicht bei dem, wofür ich Geld nehme.
Ich verkaufe mich nicht,
auch nicht, wenn ich dadurch weniger verdiene.
Denn so habe ich immer noch den größten Gewinn für mich.

Ich solle mehr verlangen,
sagst du,
mich nicht unter meinem Wert verkaufen.
Ich solle mehr verlangen,
sagst du,
für das, was ich tu.

Du sagst, ihr seht an meinem Gehalt,
was ich mir wert bin.
Du sagst, ihr werdet an meinem Gehalt messen,
ob ich meinen Wert erkenne.
Doch ich verstehe deine Schlussfolgerung nicht.
Wie kann ich meinen Wert in Geld messen?

Ist es nicht so, dass
sobald ich mich verkaufe,
dies nie meinem Wert entspricht?

Ich solle mehr verlangen,
sagst du,
mich nicht unter meinem Wert verkaufen.
Ich solle mehr verlangen,
sagst du,
ohne zu sehen, wieso und was ich tu.

Mein Herz als Muskel

Ein Wort
und mein Herz zieht sich zusammen.
So viele Grausamkeiten
und so viel Unverständnis in mir.
Wie kann ich mit diesen Dingen im Frieden sein,
ohne mich zu verschließen,
ohne innerlich zu zerbrechen,
ohne mich zurückzuziehen?

Ich gehe in den Wald, um frische Luft zu schnappen.
Die Vollkommenheit verschlägt mir den Atem.
Die Schönheit der Natur scheint in mich einzudringen,
mein verschlossenes Herz zu öffnen,
und meinen Widerstand zu ignorieren.

Schönheit und Grausamkeit.
Beides ist da.
Kann ich beides umarmen?

Und während sich mein Herz weitet,
gespannt, ob ich beides da sein lassen kann,

beides umarmen kann,
mit beidem sein kann,
spüre ich die Sehnsucht meines Herzens,
sich noch weiter auszudehnen.

Und die Sehnsucht flüstert:
„Ausdehnung ist das Wesen deines Herzens".
Es entspricht der Natur meines Herzens
sich zu weiten, ohne beurteilen zu müssen,
sich auszudehnen, ohne beurteilt zu werden,
in der Stille mit den Dingen zu sein,
so wie sie sind,
und zu umarmen, was ist,
das Schlechte wie das Gute,
das Schöne wie das Grausame.

Mein Herz existiert jenseits dieser dualistischen Einstellung
und „denkt" jenseits unserer Konzepte.
Es fühlt sich in einem ausgedehnten Zustand zu Hause,
in einem Zustand der Weite,
in dem es mit allem sein kann, was ist,
es umarmen kann,
in Frieden,
so wie es ist,

ohne zu werten,
wenn auch oftmals mit sehr klaren Präferenzen.

Und ich frage mich,
ob mein Herz lediglich ein weiterer Muskel ist,
welcher jeden Morgen gedehnt werden möchte.

Herzweite

Wie weit kann ich mein Herz dehnen?
Wie weit lasse ich es zu, dass es sich öffnet?
Wie viel lasse ich mein Herz umarmen?
Erlaube ich mir, jene mit einzuschließen,
welche anders sind und anders denken?
Welche anders leben
und anderen Traditionen folgen,
andere Einstellungen vertreten
und eine andere Sicht auf das Leben haben?
Kann ich neben ihnen stehen,
mit offenem Herzen,
ohne meine Lebensweise und meine Einstellung verteidigen zu müssen?

Wie sieht es mit jenen aus, welche ich „Verbrecher" nenne?
Mit denjenigen,
deren Handlungen meinen tiefsten Überzeugungen widersprechen?
Kann ich auch jene Menschen umarmen,
welche meine Werte mit Füßen treten?
Kann ich mein Herz auch für sie öffnen?
Oder verschließe ich es ihnen gegenüber?

Verschließe ich mein Herz,
im Glauben, dass hier zu lieben "falsch" wäre
und halte meine Liebe zurück,
vielleicht gegenüber einem Menschen,
der Liebe gerade am dringendsten brauchen würde?

Bin ich in der Lage zu entscheiden, wo Liebe angebracht ist und wo nicht?
Ich erinnere mich an eine Erzählung von einem Stamm,
in der sich das ganze Volk nach einem „Verbrechen" versammelt hatte.
Sie hatten den „Verbrecher" in ihre Mitte genommen,
nicht um ihn zu beschuldigen oder zu bestrafen,
nicht um ihn eines Besseren zu belehren oder ihn auszuschließen,
sondern um ihn zu lieben.
Weil sie der Überzeugung sind,
dass jedem Verbrechen ein Mangel an Liebe zu Grunde liegt
und jeder „Verbrecher" an die Liebe er-innert werden
und so durch Liebe geheilt werden kann.

Wie weit also lasse ich mein Herz werden?
Öffne ich es auch für jene Menschen,
welche nicht meinen Werten und Einstellungen konform handeln?
Oder verliere ich mich in engstirnigen Gedanken,
mit denen ich mir selbst einzureden versuche,
dass mein Herz zu klein ist, um sie miteinzubeziehen?

Ich habe dich gesucht, Liebe

Wo auch immer ich war,
habe ich nach dir gesucht.
In allem, was ich tat,
habe ich dich gesucht.

Und du warst überall zu finden,
wo ich wirklich nach dir suchte.
Und doch warst du nie dort daheim,
wo ich dich traf.

Ich fand dich
in Projekten,
in Beziehungen,
in Begegnungen,
in Menschen,
in der Arbeit
und in der Freizeit,
in Hobbies,
bei Freunden
und beim Erledigen von To-Do-Listen.

Du warst überall zu finden,
und doch warst du nie dort daheim,
wo ich dich traf.
Deine Heimat hatte ich nicht entdeckt.

Denn in Wahrheit
hatte ich dich zwar gefunden,
jedoch nicht in diesem Projekt,
oder in jener Beziehung.
In keinem Menschen,
keiner Begegnung,
keinem Hobby
und keiner Arbeit
konnte ich dich finden,
wenn ich dich nicht mitgebracht hatte.

In Wahrheit warst du immer da,
in mir,
und ich erkannte dich
in jenen Projekten und Beziehungen,
in welche ich dich hineingelegt hatte.
Das ist der Grund,
warum ich dich finde
in jenem Projekt,

bei welchem ich mit Herzblut dabei bin,
in jener Beziehung,
auf welche ich mich wirklich einlasse,
und in jenen Menschen,
welchen ich bereit bin wirklich zu begegnen.

Wo auch immer ich wirklich nach dir suchte,
fand ich dich.

Die Liebe bleibt

„So lange dran bleiben wie Liebe da ist",
war einer meiner Grundsätze.
„Solange Liebe da ist, ist vieles möglich",
war einer meiner Glaubenssätze.
Und daher blieb ich,
auch wenn es weh tat.

Ich blieb in Beziehungen,
die mir nicht gut taten,
und ich blieb bei Projekten,
für die ich mich ausbeutete.
Denn die Liebe blieb,
immer.

Wieso also bin ich dennoch gegangen?
Weil ein Dranbleiben
meine Liebe nicht mehr nährte.
Meine Liebe für das Leben,
für mich,
für uns
und für die Welt.

Weil der Schleier aus Trauer, Erschöpfung und Schmerz,
welcher sich in diesem Feld um mein Herz legte,
größer wurde als das Lächeln auf meinen Lippen
und das Strahlen in meinen Augen.
Deshalb bin ich gegangen,
obwohl Liebe da war.

Und ich tu es wieder:
Ich gehe, obwohl Liebe da ist.
Und die Liebe wird diese Schritte aushalten,
die Schritte, welche ich jetzt für mich gehe,
die Schritte, welche ich mich jetzt (weg?) bewege.
Denn die Liebe bleibt.
Immer.

Neid sieht nur das Blumenbeet, nie den Spaten[2]

Es gibt nichts, was meinem Neid wirklichen Boden bietet,
außer eine Halbwahrheit
und die Unfähigkeit, das große Bild zu erkennen.

Ich bin neidisch auf dein großes Wissen,
doch ich sehe nicht die Stunden intensiven Arbeitens,
mit denen du dir dieses angeeignet hast.
Ich beneide dich um deine Weisheit und die verinnerlichten Erkenntnisse,
doch ich sehe nicht die schmerzvollen Erfahrungen,
durch die du gegangen bist, um diese zu erwerben.
Ich sehe nicht deine aktiven Handlungen hinter den Eigenschaften
und hinter den "Umständen", um welche ich dich beneide,
ich sehe nur, dass du etwas hast, das ich nicht habe.
Ich sehe nicht, dass du dich auf den Weg gemacht hast,
während ich sitzen geblieben bin.

Mein Blick ist auf das gerichtet, was du hast und wo du bist
und nicht auf den Weg, den du gegangen bist, um dorthin zu kommen.
Ich missachte deine Taten, die dich dorthin geführt haben,
deine Anstrengungen, deinen Schweiß und deine Strapazen.
Ich sehe nur das „Gute" an dem, was du hast oder wo du bist,

und lenke meinen Blick ab
von dem „Unbequemen", was damit verbunden ist oder verbunden war.

Wenn ich dorthin gelangen möchte, wo du bist,
werde ich einen anderen Weg wählen müssen
als jenen, den du gegangen bist.
Und mein Weg mag vielleicht unbequemer,
anstrengender oder „härter" erscheinen
als jener Weg, den ich hinter dir sehe,
doch die Wahrheit ist auch:
Ich kenne deinen Weg nicht mit all seinen Details und Ecken,
mit all seinen Lernaufgaben, Entbehrungen und Emotionen,
mit all seinen Steigungen, Talfahrten, Hindernissen und Steinen.
Ich kenne die Stellen nicht,
an denen du im Geröll ausgerutscht und meterweit zurück geschlittert bist.
Ich kenne die Abende nicht,
an denen du niedergeschlagen und verwundet nahe dran warst
alles aufzugeben,
noch kenne ich die Morgen,
an denen du am Ende deiner Kräfte warst
und trotzdem weitergegangen bist.

Ich kenne deine Entbehrungen nicht, die du auf dich genommen hast
und die dir vielleicht nicht einmal bewusst waren,
weil für dich das Ziel so viel verlockender war.
Doch vielleicht sind es genau diese Entbehrungen,
welche mich schon so oft vom Weg abgebracht haben,
weil mir das Ziel eben nicht so viel bedeutete wie dir,
weil ich nicht wirklich bereit war den Weg bis zu jenem Punkt zu gehen,
auf welchen ich nun mit Neid blicke.

Vielleicht gehe ich gezielt den leichteren Weg
und wähle Neid statt Handlung,
wähle Begehren statt Umsetzung,
wähle Ausreden statt Wege
und Opfersein statt Eigenverantwortung?

Worauf also soll ich neidisch sein?
Darauf, dass du dir das erschaffen hast,
wofür du hart gearbeitet hast?
Darauf, dass du an deinem Ziel angelangt bist,
zu welchem du gewandert bist?
Darauf, dass du das erreicht hast,
was du Schritt für Schritt umgesetzt hast?

Lass uns doch das größere Bild sehen.
Lass uns das Leben als Wege sehen
und nicht bloß als Stationen,
an denen wir zufällig "angeschwemmt" werden
oder an denen wir für immer zu sein haben.

Wenn ich dorthin möchte, wo du bist,
wenn ich das können möchte, was du kannst,
dann lass mich den Weg erkunden, welcher für mich dorthin führt,
und lass mich dich bitten,
mir an herausfordernden Wegstrecken beizustehen,
mir deine Hand zu reichen und mich deine Zuversicht spüren zu lassen.
Lass mich dich bitten, mich zu begleiten,
um bei gefährlichen Abschnitten deiner Weisheit zu lauschen.
Lass mich deine Kompetenz und deine Arbeit würdigen
und dir dankbar zuhören,
wenn du bereit bist deine Erfahrungen mit mir zu teilen.

Antlitz der Wahrheit

Die Wahrheit kann hart sein,
manchmal beinhart, schonungslos und unerbittlich.
Gleichgültig unseren Gefühlen und Geschichten gegenüber.
Sie lässt unsere Ausreden nicht gelten,
und sie fordert von uns, dass wir uns unseren Ängsten stellen.
Sie fordert unsere Ehrlichkeit,
uns selbst und unseren Mitmenschen gegenüber.
Und sie fordert Ehrlichkeit unseren Sehnsüchten,
Träumen und Wünschen gegenüber.
Sie fordert, dass wir mit dem Versteck-Spiel aufhören,
mit den Lügengeschichten, die wir uns selber erzählen,
warum, weshalb und wieso
wir nicht können,
nicht dürfen
und warum es bei uns ach so anders ist.

Die Wahrheit kann hart sein,
beinhart, schonungslos und unerbittlich.
Und gerade dadurch so befreiend.
Weil sie uns nackt macht,
unsere Masken abnimmt

und uns vor unsere Ängste stellt,
uns mit unseren Sehnsüchten konfrontiert,
mit unseren erfüllten und unerfüllten Wünschen,
mit unserer Bedürftigkeit und Verletzlichkeit,
mit unserem Schmerz und unserer Trauer.
Und sie fordert, dass wir stehen bleiben,
wie wir sind und wo wir sind,
ohne zu verdecken oder zu verbergen,
ohne vorzutäuschen oder uns zu verbiegen.
Mitten unter unseren Mitmenschen,
in unserer Größe,
auf unserem Weg
in dieser Welt.
Mit unseren Wunden,
und all unseren Träumen, Wünschen und Ängsten.

Die Wahrheit kann hart sein,
schonungslos offen
und erbarmungslos ehrlich.
Sie kann eine Aufforderung sein,
eine Unterstützung
und eine Hilfestellung zugleich.
Ein Wegweiser,
ein Richtungsgeber

und ein Ratgeber.

Es flossen Tränen als ich ihr gegenüberstand,
es schoss mir der Schweiß aus allen Poren,
und ich war kurz davor in die Knie zu gehen,
ich war kurz davor wegzuschauen,
mich umzudrehen
und ihr (und damit euch) den Rücken zuzudrehen.
Und doch bin ich geblieben,
habe mich gezeigt
und sie hat mich mit offenen Armen aufgefangen.

Und daher bitte ich euch:
Schmälert nicht die Härte der Wahrheit,
sondern lasst mich ihr ins Antlitz blicken,
ihre Forderungen spüren
und ihre erbarmungslose Ehrlichkeit auf mich niederprasseln.
Bitte zieht nicht den Vorhang der Verschleierung vor, um mich zu schützen.
Seht nicht nur die Schwäche in mir,
die ich fühlte und zeigte als ich ihr ins Antlitz blickte,
spürt auch meine Bereitschaft hinzusehen,
ihrer Stimme zu lauschen
und mich von ihr zum nächsten Schritt führen zu lassen.

Bitte seht nicht nur, was sie fordert
und welche Ängste dies in mir und in euch hervorruft,
erkennt auch die Liebe, welche mich hinter ihr ruft,
und welche mich auf meinen Wegen begleiten wird.

Mein Streben nach Sicherheit

Ich strebe nach Sicherheit
und habe gelernt, mir Dinge anzuhäufen
und mich mit diesem Haufen an Dingen sicher(er) zu fühlen.
Doch um das zu tun,
habe ich auch gelernt, ignorant zu sein.
Ignorant gegenüber dem, was dieses Anhäufen an Dingen noch bedeutet
und noch bewirkt,
für mich und für meine Umwelt,
für die Menschen, die mich umgeben,
und jene, die mich nicht direkt umgeben.
Nicht hinzuschauen, was es bedeutet für mein Sein mit anderen,
für meinen Platz hier auf Erden
und für jene Spuren, die ich hinterlasse.

Ich nehme, was ich - jetzt - nicht brauche,
aus Unsicherheit und aus Angst,
aus dem Streben nach Sicherheit und Geborgenheit
und der Täuschung, diese durch das Anhäufen von Dingen zu erlangen.
Ich nehme, was woanders - jetzt - gebraucht wird,
und blicke nicht hin auf Jene, die es jetzt brauchen,
ich klammere sie aus, ich ignoriere ihre Existenz und ihre Bedürfnisse.

"Es muss mich ja nicht weiter kümmern",
sind sie doch alle zu weit weg,
und jene so viel näher,
welche noch mehr nehmen als sie tatsächlich brauchen.

Zu nah ist mir meine eigene Furcht.
Zu nah ist mir das Streben nach materiellem Reichtum,
um damit das Gefühl der Sicherheit zu erhöhen
oder zumindest das Gefühl der Unsicherheit zu betäuben.
Ich verwende, was ich - jetzt - nicht brauche,
weil ich zu bequem bin, meine Gier zu hinterfragen.
Ich verwende, was die Erde unter mir vergiftet,
weil ich zu bequem bin, nach Alternativen zu forschen.
Jene Erde, welche mich ernährt und mein Zuhause ist.
Vergiftet.
Durch mich.

Ich dachte, ich würde nach Sicherheit streben.
Ich dachte, ich würde mir Sicherheit schaffen
durch das Anhäufen von Dingen.
Jetzt sehe ich:
Ich habe gelernt, auf angehäuften materiellen Reichtum
mit einem Gefühl von Sicherheit zu reagieren,
mit einem Gefühl der Sicherheit mich betreffend,

die anderen Leben oftmals ausklammernd.
Und ich sehe jetzt die Unsicherheit, die ich damit erzeuge.
Unsicherheit nicht nur für mich.
Unsicherheit für die Welt, für das Leben hier auf Erden.
Unsicherheit, ob es mir morgen so gehen wird
wie jenem Teil der Bevölkerung,
welcher schon bis hierher gelitten hat unter meiner Täuschung.
Unter meiner Täuschung, dass materieller Reichtum Sicherheit schafft
und Sicherheit bedeutet.
Unter meiner Täuschung, nur auf mich schauen zu müssen,
wenn ich mir Sicherheit schaffen möchte.
Unter meiner Täuschung, sicherer zu sein,
wenn ich anderen keinen Platz gebe,
weder hier auf Mutter Erde
noch in meinem Herzen.

Gastfreundschaft

Gastfreundschaft setzt nicht die Kenntnis der gleichen Sprache voraus.

Gastfreundlich kann ich sein,
auch wenn ich nicht deine Sprache spreche,
und auch wenn du nicht meine Sprache sprichst.
Denn unsere Gesten sind nicht so unterschiedlich,
als dass wir die dahinterstehende Botschaft nicht deuten könnten.

Unsere Blicke, unsere Augen,
unsere Mimik, unsere Gestik
- sie alle können wir mit Botschaften füllen.
Mit Botschaften der Freundlichkeit,
des Willkommenheißens,
ebenso wie mit Botschaften der Ignoranz,
der Ablehnung oder Missgunst.

Ich weiß nicht, ob du den Tee trinkst,
den ich dir gebracht habe.
Ich weiß nicht einmal, ob du überhaupt Tee trinkst,
aber ich weiß, dass du die Botschaft hinter meiner Geste verstanden hast.

Ich habe es gesehen
in deinem Blick und in deinen Augen,
in deiner Mimik und deiner Gestik.

Denn auch wenn ich nicht deine Sprache spreche,
noch du die meine,
so sind unsere Gesten nicht so verschieden,
als dass wir uns nicht einander Freundlichkeit und Zuspruch schenken,
unsere Taten mit dem Gruß der Gastfreundschaft füllen
und uns gegenseitig willkommen heißen können.

Wenn du besser dran bist als andere,
baue einen längeren Tisch, nicht einen höheren Zaun

Ich versteh' es nicht.
Ich versteh' nicht,
wieso ihr jenes Gut,
welches ihr in mehrfacher Ausführung habt,
nicht gewillt seid zu teilen
und wieso wildfremde Menschen,
die eine einzige Ausführung besitzen,
ihre einzige Ausführung voller Freude mit mir teilen.

Ich versteh' es nicht.
Aber ich respektiere es.
Und ich sehe, wo ich genau gleich oder ähnlich handle.

Ich versteh' nicht,
warum wir nicht das,
was wir haben,
als Familie untereinander teilen.
Ich versteh' es nicht.

Ich versteh' nicht,
wozu man etwas in mehrfacher Ausführung hat,
um es dann vor Anderen und vorm Verfall zu schützen,
weil man ohnehin nicht alle davon verwendet und verwenden kann.
Ich versteh' es nicht.

Doch ich versteh', dass so manch eine Ressource knapp wird
oder knapp zu sein scheint,
weil wir sie nicht nutzen wie sie gedacht war.
Wir verwenden die Ressource nicht,
damit sie uns dient,
als das, was sie ist.
Stattdessen dienen wir der Ressource,
um sie zu etwas zu machen, was sie nicht ist.

Wozu materieller Reichtum und Statussymbole,
um diese dann zu schützen?
Vor jenen, die unserer Güter bedürfen
oder sich ihrer erfreuen würden.

Ich versteh' es nicht,
und doch versteh' ich eure Beweggründe,
sie sind mir vertraut und wohlbekannt.

Für manche mag das tatsächlich Reichtum sein,
für mich ist es – in Wahrheit – Armut.

Materieller Reichtum
und emotionale Armut.

Das Leben ist gut

Das Leben ist gut.
Es geht immer irgendwie weiter.
Der Fluss des Lebens fließt.
Es ist nichts von Dauer
und alles wird vorübergehen.
Ich muss es nur gehen lassen,
und das Leben wird sich ändern.
Denn es ist in der Natur des Lebens,
zu fließen,
sich zu verändern,
herauszufordern,
sich zu entwickeln
und sich aufzulösen.

Ich darf nur nicht festhalten an dem,
wie sich mir das Leben in diesem Moment zeigt,
durch Bewertungen,
durch Meinungen,
durch Definitionen
oder Überzeugungen.

Denn diese haben die Tendenz
zu verfestigen
und in die Erstarrung zu bringen.
Meine Sichtweise verhärtet sich,
meine Meinung wird festgefahren
und ich verliere den Sinn für die Bewegungen des Lebens.
Ich kann die Veränderungen nicht mehr wahrnehmen
und den Fluss des Lebens nicht mehr spüren.
Das Leben erscheint mir dann als getrennt von mir.

Doch wenn ich mich er-innere
und erkenne, dass das Leben gut ist,
dass es weitergeht,
dass nichts von Dauer ist
und alles vorübergeht,
wenn ich es nur zulasse
und meine festgefahrenen Ansichten loslasse,
wird sich das Leben verändern,
weil es in seiner Natur liegt.

Genauso wie es in meiner Natur liegt,
zu fließen,
mich zu verändern,
herauszufordern,

mich zu entwickeln
und mich aufzulösen.

Wenn ich nicht an dem festhalte,
wie sich das Leben mir im Moment zeigt,
nicht durch Bewertungen,
nicht durch Meinungen,
nicht durch Überzeugungen,
dann erkenne ich:
Das Leben ist gut,
es geht weiter
und es fließt
immer.

Zeit

Es ist nicht viel Zeit,
die uns hier gegeben wurde.
Doch es ist ausreichend Zeit,
ausreichend, um sie uns zu gestalten,
um auf unsere Art zu leben,
um sie mit dem zu füllen,
was unsere Herzen nährt,
was sie höher schlagen
und uns abends zufrieden in den Stuhl sinken lässt.

Es ist ausreichend Zeit,
um das zu tun, was wir lieben.
Und wenn wir tun, was wir lieben,
wird uns jede Sekunde kostbar sein,
jede Stunde ein Geschenk,
und jeder Tag eine Aneinanderreihung kostbarer Momente.

In jenem Augenblick,
in dem wir tun, was wir lieben,
wird die Zeit gedehnt
und es gibt kein „viel" oder „wenig" mehr an Zeit,

es gibt das Jetzt,
das Geschenk des Augenblicks,
diesen Moment,
diesen Atemzug.

Abzweigungen am Weg

Was, wenn ich nicht mehr bei jeder Abzweigung in meinem Leben
stehen bleibe,
herumkritisiere,
beanstande
und mich darüber beschwere,
dass die momentanen Umstände nicht dem entsprechen,
was ich mir vorgestellt habe
und die Situation nicht jene ist, in der ich verweilen möchte,
und ich stattdessen darauf vertraue, dass es weitergeht,
dass dieser Moment nur ein kleiner Schritt auf meinem Weg ist,
welcher mich dorthin führt, wo ich hin möchte,
wenn ich weiterhin meinem Gefühl vertraue und dem Moment lausche?

Was, wenn ich den Anspruch loslasse,
dass dieser Moment perfekt sein muss,
oder dass ich in diesem Moment perfekt sein muss,
und mich dem Prozess hingebe,
und dem Moment mit Vertrauen begegne,
dass dieser ein Schritt auf meinem Weg ist,
und dass er weder die Endstation noch entgültig ist?

Was, wenn ich mir erlaube,
mich in diesen Moment hineinfallen zu lassen
und mich an jenen Dingen erfreue,
die mein Herz berühren und meine Sinne nähren,
und darauf vertraue, dass ich dadurch schrittweise dem näher komme,
was ich möchte?

Was, wenn ich akzeptiere, dass ich auf meinem Weg dorthin
an Situationen und Umständen vorbeikomme,
die mir nicht gefallen und die nicht meinem Ziel entsprechen?
Ähnlich wie wenn ich mich auf den Weg mache,
um eine Freundin zu besuchen
oder ein fernes Land zu erkunden,
und ich auf dem Weg dorthin an Menschen und Plätzen vorbeikomme,
welche mich nicht erfreuen und
welche nicht dem entsprechen, wo ich ankommen wollte.
Auch an ihnen schreite ich unbekümmert vorüber,
sind sie doch nur ein Aspekt am Wegesrand,
ein Schritt am Weg,
eine Etappe auf meiner Reise.

Ich glaube, dass das Leben ein Prozess ist,
dass es sich stets entwickelt und stets neu entsteht
und dass es manchmal zielführender ist, diese Entfaltung zuzulassen,

mich ihr zu öffnen und hinzugeben,
ohne den Situationen mit steter Bewertung zu begegnen,
und damit das Leben am Weiterfließen zu hindern.

Ich glaube, dass ich meinen Impulsen vertrauen kann
und dass Unstimmigkeiten einen Impuls in mir auslösen,
welcher mich aktiv werden und verändern lässt.
Ich glaube, dass sich Phasen des „Tuns"
mit Phasen des „Geschehenlassens" abwechseln,
weil beide Qualitäten ihren Platz im Leben haben,
eine jede zu ihrer Zeit.

Ich glaube, dass wir die Fähigkeit haben,
tief in uns zu spüren, was gerade dran ist.
Doch manchmal erfordert es Mut,
dies wahrzunehmen
und unserer Wahrnehmung zu folgen,
unserer Wahrnehmung zu vertrauen
und sie da sein zu lassen,
ohne Bewertung,
in dem zu sein, was ist,
mit dem zu sein, was ist.

Ich lasse deine Hand jetzt los

Ich lasse deine Hand jetzt los.
Denn ich möchte dich nicht länger zurückhalten.
Der Weg, welcher nun vor dir liegt,
möchte von dir begangen werden.
Dein Leben möchte von deinen Händen angepackt,
von deinem Körper gefühlt
und von deinem Herzen umarmt werden.

Ich lasse deine Hand jetzt los.
Denn ich möchte dich nicht länger zurückhalten.
Der Weg, welcher nun vor dir liegt, ruft dich.
Kannst du ihn hören?
Kannst du die Rufe in deinen Adern fühlen?
Kannst du sehen, welcher Schritt sich vor dir auftut und dich einlädt?
Kannst du erkennen, was die nächste Tat ist,
mit der du dich von innen her nähren kannst?

Ich lasse deine Hand jetzt los.
Denn ich möchte dich nicht länger zurückhalten.
Du hast alles, was du brauchst, um den nächsten Schritt zu wagen.
Bist du bereit, loszugehen und das Abenteuer zu wagen?

Jenes Abenteuer,
welches bereits ein breites Grinsen in dein Gesicht zaubert,
wenn du dir erlaubst an dessen Umsetzung zu denken?

Ich lasse deine Hand jetzt los.
Denn ich möchte dich nicht länger zurückhalten.
Denn auch ich bin eine Reisende, die auf ihrem Weg wandert,
die von Träumen geleitet und von Abenteuern gerufen wird.
Danke, dass du mit mir den Rufen Gehör geschenkt
und meinen Worten gelauscht hast.
Nun ist es für mich an der Zeit, aufzubrechen und weiterzugehen,
meinem inneren Ruf zu folgen
und weiter jenes Sein zu entdecken,
welches in meinen Adern pulsiert
und meinem Herzen vertraut ist,
so sehr, dass es sich anfühlt wie mein Zuhause.

Ich freue mich,
wenn wir uns an noch unbekannten Wegkreuzungen wiedersehen,
wenn wir einander begegnen und uns gemeinsam erinnern,
an das, was wir in uns tragen,
an das, was geteilt und gelebt werden möchte,
wenn wir gemeinsam unseren Herzen lauschen
und sie durch unsere Taten sprechen lassen.

Denn damit können wir einander bereichern
und uns miteinander lebendig halten.
Und damit bereichern wir die Welt,
weil jeder in seinem Licht strahlt,
jeder die Welt mit seinen Facetten berührt
und jeder seinen Platz einnimmt und ausfüllt.
Jeder in seiner Mitte,
jeder in seiner Kraft,
und wir uns nicht hilfsbedürftig am anderen stützen,
sondern fest geerdet auf unseren eigenen Beinen stehen
und kraftvoll unsere Schritte wagen
auf unseren ureigenen Wegen und Pfaden.

Am Ende bleibt Dankbarkeit

Mein Dank gilt all jenen Menschen, die mich ermutigt haben meinen eigenen Weg zu gehen, mich an ihm zu erfreuen und mir dabei geholfen haben an ihm zu wachsen.

Ich mag in unserer Gesellschaft zwar aufgewachsen sein,
doch ich bin nicht in ihr groß geworden.
Groß wurde und werde ich durch die Begegnungen mit EUCH.
Ihr, die mir von Herz zu Herz begegnet,
euch in eurer Freude und Trauer zeigt,
sowie in eurer Verletzlichkeit und eurer Großzügigkeit,
mich seht, wahrnehmt und annehmt,
als Mensch, als Schwester, als Verbündete,
und mir zeigt, was gelebte Menschlichkeit bedeuten kann.
Ihr, die mir begegnet und mich spüren lasst,
dass meine Herzensträume keine absurden Auswucherungen sind,
sondern dass sie da sind, um gefühlt zu werden,
und ihr, die mich ermutigt an meine Herzensträume zu glauben,
selbst wenn sie noch so unrealistisch wirken mögen,
damit sie eines Tages wahr werden können.
Ihr, die mein Herz selbst dann noch berührt,
wenn mich der eiskalte Wind von Gier und Missgunst gepackt hat

und ich mein Vertrauen und meine Zuversicht zu ersticken drohe,
ihr, die mich selbst dann noch in den Arm nehmt
und mein Herz durch eure Menschlichkeit wärmt,
ihr seid es, durch die ich groß werde und groß wurde.

Durch euch wird mein Herz immer wieder auf's Neue belebt,
durch euch schöpfe ich den Mut, der es mir erlaubt
auf jenen Wegen zu wandern, die mich beseelen,
jene Träume zu träumen, die mir ein Lächeln auf die Lippen zaubern
und jene Ziele zu verfolgen, bei denen mein Herz zu tanzen beginnt.

Ohne euch wäre ich heute nicht hier, wo ich bin.
Weil ich an manchen Stellen einfach nicht weitergegangen wäre.
Ohne euch würde mein Herz nicht strahlen wie es heute strahlt,
weil ich den Glauben an das Gute in mir verloren hätte.
Ohne euch wäre die Welt für mich in manchen Momenten
ein dunkler, trostloser Ort,
weil ihr es seid, welche als kleine und große Sterne
mein persönliches Firmament erhellen,
welche mich immer wieder an den Rhythmus meines eigenen Herzschlags
erinnern,
mir den Duft meiner Herzenswünsche zuhauchen
und meine Sehnsüchte berühren, wenn ich mich mal wieder verlaufe.

Von Herzen DANKE dafür!

Ich danke euch für eure Herzlichkeit,
welche ihr mir entgegengebracht habt,
selbst dann noch, als ich in Schmerz und Verwirrung um mich schlug.
Ich danke euch für das Vertrauen, welches ihr in mich gesetzt habt.
Es hat mir geholfen, auch dann noch weiter meinen Weg zu gehen
als ich mit schiefen Blicken durchbohrt und kritisch beäugt wurde.
Ich danke euch für eure liebevolle Geduld,
mit der ihr mich auch nach meinen längsten Irrwegen
und nach meinen miesesten Entscheidungen
wieder in den Arm genommen habt,
sobald ich bereit war, mir und euch aufrichtig gegenüberzutreten.
Ich danke euch für eure Liebe, welche ihr trotz eurer Verletzungen
jeden Tag aufs Neue in die Welt scheinen lasst.
Ich danke euch für eure Entschlossenheit und eure Zuversicht,
mit denen ihr selbst den höchsten Berg gemeistert
und euch nicht von seiner scheinbaren Unüberwindbarkeit
einschüchtern habt lassen.
Ich danke euch für euren Mut, den ihr bewiesen habt
als ihr durch's größte Gelächter mit erhobenem Haupt geschritten
und dabei eurer eigenen Wahrheit treu geblieben seid.
Ich danke euch für eure offenen und aufmerksamen Hände,
welche nie zu voll sind, um sie jemandem als Hilfe anzubieten.

Ich danke euch für eure weichen und aufmerksamen Blicke,
welche nie zu beschäftigt mit sich selbst sind
als dass sie die Not des Nächsten übersehen würden.
Ich danke euch für eure Ehrlichkeit, mit der ihr euch eingesteht,
dass ihr nicht jede Not lindern und nicht jedem Hilfe bieten könnt,
und ich danke euch für euer Entscheidungsvermögen,
mit dem ihr erkennt, wann es für euch dran ist zu geben und wann nicht.
Ich danke euch für eure Freude an eurem inneren Reichtum,
durch welche ich erkennen durfte,
dass reich sein etwas anderes bedeutet als viel Geld zu besitzen.
Ich danke euch für eure Aufrichtigkeit,
mit der ihr die Dinge aufzeigt wie ihr sie seht
und sie nicht so darstellt wie sie der andere gerne sehen würde.
Ich danke euch für eure kindliche Freude,
mit welcher ihr Leichtigkeit auf die mühsamen Wegetappen bringt.
Ich danke euch für euer Vertrauen in eure innere Stimme,
wodurch ihr selbst in den dunkelsten Zeiten
dem Ruf der Liebe gefolgt seid.
Ich danke euch für eure Hartnäckigkeit, mit der ihr mein Herz berührt
und es aus der Versteinerung erlöst habt,
und für euren Blick, der ein schlagendes Herz
selbst hinter den dicksten und höchsten Mauern erkennt.

Ihr seid meine wahren Helden!
Und jetzt ist es an der Zeit, dass ich meine eigene Heldin werde!
Danke, dass ihr mir dabei Wegweiser seid, wart und sein werdet!

Es gibt viele Menschen, die ich hier namentlich erwähnen könnte, und doch ziehe ich es vor, dich, lieber Leser/liebe Leserin, entscheiden zu lassen, ob du dich mit meinem Dank angesprochen fühlst oder nicht, ob du dich zu jenen Helden zählst oder nicht.

Zwei Menschen möchte ich hier dennoch explizit meinen Dank aussprechen:

Liebe Mama,
lieber Papa!

Ich liebe euch.
Und ich bin euch sehr, sehr dankbar.
Ihr habt mich nicht nur in diese Welt geboren,
sondern mir auch eure Welt in Liebe gezeigt.
Und ihr habt mich wissen lassen,
dass diese gezeigte Welt nur die eurige ist,
und mich darauf hingewiesen,
dass es meine eigene Welt zu entdecken gibt.
Und auch wenn sich in euch immer wieder Ängste und Sorgen breitmachen,
wenn ich die eingebildeten Grenzen meiner eigenen Welt durchbreche
und mich zusammenpacke, um verlockende Horizonte zu erforschen,
so steht ihr doch immer hinter mir,
stets mit einem wohlwollenden Blick auf mich
und auf meinen Weg - auch wenn euch dieser noch so fremd erscheint.

Ich fühle wie sehr ihr mir das Beste wünscht
und ich schätze euer Wissen darum,

dass eure Ansicht vom „Besten" nicht immer das ist,
was ich mir für mein Leben wünsche
oder was ich für mein Leben wählen möchte.
Ich schätze eure Bemühungen,
mir das Beste zu ermöglichen,
selbst dann, wenn es nicht einfach ist
oder ich es nicht als "das Beste" ansehe.
Ich möchte, dass ihr wisst,
dass ich euch sehe,
und dass ich erkenne, dass ihr euer Bestes gebt und gegeben habt.
Ich möchte, dass ihr wisst,
dass es für mich gut ist,
auch wenn wir manchmal zurückblicken
und mit unserem heutigen Wissen manches anders machen würden.
Für mich ist es gut.
So wie es ist.
Nicht bloß „gut genug",
sondern mehr.
Es war das, was ich brauchte
und es ist das, worauf ich mein Leben heute aufbaue.
Und es ist das, wofür ich euch dankbar bin.
Es ist viel, was ihr gegeben habt.
Und ich nehme es gern an.
Danke.

Quellenverzeichnis

[1] Martin Buber: „Ich und Du"; S.12
  Ditzingen: Reclam Universal-Bibliothek, 2018
  ISBN 978-3-15-009342-9

[2] Es handelt sich hierbei vermutlich um ein überliefertes Sprichwort aus China, Verfasser konnte nicht ausfindig gemacht werden

Textverzeichnis

Eine Einladung zu Beginn..........9

Das „Ich" entdecken..........15
   Lebe - Dich..........17
   Ein Dank an die verletzlichen Quellen der Inspiration..........19
   Bitte lass uns DICH kennenlernen..........22
   Ich gehöre zu euch, auch wenn ich anders bin..........23
   Zwischen Härte und Sensibilität..........26
   Wüstennomade..........29
   Neid und Anerkennung..........33
   Danke, du sprudelnde Quelle der Inspiration!..........36
   Ein Konzept als Schutzschild..........39
   Würdest du etwas verändern?..........41
   Unabhängig..........44
   Todessehnsucht..........48
   Ich will dich sehen, Schönheit..........50
   Ruhe und Stille..........54
   Ich bin müde..........57
   Immer wieder dann..........58

Dem „Du" begegnen..........61
   Sie ist imaginär..........63
   Vom Schauen und Sehen..........66
   Von (Augen)Blicken und heiligen Räumen..........67
   In der Stille begegnen..........70
   Ich habe euch gerufen..........72
   Spaziergang..........76
   Ich vermisse dich..........78
   Wenn es Zeit ist weiterzugehen...........80
   Befruchtende Begegnung..........83
   Ich achte dich..........85

Verweilen bis sich ein Weg zeigt..87
Ich liebe dich..90
Wenn ich (dich) sehe..94
Vielleicht geht es um die Liebe..99
Es wird weich...102
In der Welt sein..105
Leistung..107
Ich dachte, es müsse schnell gehen...................................112
Wenn das Wie von Bedeutung ist 115
Häufig gestellte Fragen..118
Potentialverliebtheit..124
Meine Art des „positiven Denkens"...................................125
„Verkaufe dich nicht unter deinem Wert!".........................127
Mein Herz als Muskel..130
Herzweite...133
Ich habe dich gesucht, Liebe..135
Die Liebe bleibt...138
Neid sieht nur das Blumenbeet, nie den Spaten...................140
Antlitz der Wahrheit...144
Mein Streben nach Sicherheit...148
Gastfreundschaft 151
Wenn du besser dran bist als andere................................153
Das Leben ist gut...156
Zeit..159
Abzweigungen am Weg..161
Ich lasse deine Hand jetzt los...164
Am Ende bleibt Dankbarkeit...167